HISTOIRE

DE

NOTRE-DAME DE BONNE-DÉLIVRANCE.

Se trouve aussi :

A BESANÇON,

Chez TURBERGUE et JACQUOT, libraires ;

A LYON,

Chez ALLARD et Cie., libraires.

A VANNES,

Chez DE LAMARZELLE, libraire.

Paris.—Imp. de SCHNEIDER ET LANGRAND, rue d'Erfurth, 4.

Lith d'Auguste Bry

C'est aux pieds de cette statue que St François de Sales fit vœu de virginité, et fut délivré de la tentation de désespoir qui le conduisait au tombeau.

HISTOIRE

DE LA

STATUE MIRACULEUSE

DE

NOTRE-DAME DE BONNE-DÉLIVRANCE,

VÉNÉRÉE

Dans la Chapelle des Religieuses hospitalières
de Saint-Thomas de Villeneuve,

à Paris ;

SUIVIE DU MANUEL

DE LA CONFRÉRIE DE LA BONNE MORT
établie dans la même chapelle ;

PAR UN PRÊTRE DU CLERGÉ DE PARIS.

Nigra sum, sed formosa.
CANTIC.

PARIS,

GAUME FRÈRES, LIBRAIRES,
Rue Cassette, 4 ;

ET CHEZ LES RELIGIEUSES DE SAINT-THOMAS DE VILLENEUVE,
Rue de Sèvres, 27.

1844

A Marie,

Consolatrice des affligés

et

salut des infirmes,

Gloire, Reconnaissance et Amour.

'Sur les bords de l'Océan, parmi les rochers solitaires, on voit s'élever la chapelle gothique dédiée à celle qu'on appelle l'*Etoile de la mer*. C'est cette vierge du rivage natal que le marin implore quand la tempête assaille son bâtiment, et qu'il n'a plus d'espoir dans ses manœuvres, et lorsque, arrivé au port, la reconnaissance le presse d'aller à la sainte chapelle, on le voit s'agenouiller dévotement devant la madone, et déposer à ses pieds son offrande.

Entrez dans l'un de ces humbles sanctuaires, et voyez ces *ex-voto* sans nombre suspendus aux murailles ; ici un gouvernail, un mât, une voile ; là, une ancre de sauvetage, une planche libératrice. Tels sont les trophées de la puissance et de la bonté de Marie ! Oh ! combien sont touchants ces asiles de la foi simple et naïve ; ces phares de la délivrance vers lesquels le navigateur dans la détresse tourne ses vœux et ses mains suppliantes !

Mais la terre a aussi ses orages.

Considérez nos cités tumultueuses : voyez Paris, ce champ de bataille entre le génie du bien et du mal ; Paris, point central d'où partent et où aboutissent les tempêtes politiques qui agitent la France et le monde. Que de naufrages sur cette mer orageuse ! Et combien plus touchants sont les sanctuaires élevés à la patronne des navigateurs sur ce redoutable océan des choses humaines !

Oui, Paris possède de glorieux monuments de la protection de Marie. Le plus renommé dans l'histoire est cette antique métropole dédiée à Notre-Dame, refuge des peuples dans les calamités publiques ; où, durant le cours de la monarchie, nos rois vinrent si souvent demander à la libératrice de la France les faveurs du ciel, et placer leur royaume sous sa providence tutélaire. Près de là c'est *Notre-Dame des Victoires*, titre bien mérité par les conquêtes merveilleuses et touchantes du cœur immaculé de Marie. Dans le quartier orageux des écoles, à l'église Saint-Severin, c'est *Notre-Dame de Bonne-Espérance*; à Saint-Sulpice, *Notre-Dame de Liesse* ou *de Joie*; à l'Abbaye-aux-Bois, *Notre-Dame des Sept-Douleurs*; puis *Notre-Dame de Bonne-Nouvelle*, *Notre-Dame de Lorette*, et *Notre-Dame de Paix* au couvent des Sacrés Cœurs de Jésus et de Marie, chez les apôtres de l'Océanie (1).

Mais, parmi ces sanctuaires, il en est un, autrefois célèbre, et qui, renversé par la tempête révolutionnaire, a été réédifié et consacré, depuis quelques années seulement, à la patronne de la France, qui semble l'avoir adopté pour le lieu de ses faveurs les plus intimes, et comme un asile de plus ouvert à ceux qui souffrent :

(1) Voyez la notice historique sur la statue miraculeuse de *Notre-Dame de Paix*, vénérée dans la chapelle de la congrégation des Sacrés Cœurs de Jésus et de Marie, à Paris, rue Picpus, n° 15; par le père Hilarion, prêtre de Picpus.

c'est la chapelle de *Notre-Dame de Bonne-Délivrance*, érigée chez les religieuses hospitalières de Saint-Thomas de Villeneuve.

Solitaire et retiré, ce modeste oratoire ne se ressent nullement de l'agitation qui l'entoure, et le tumulte de la grande cité vient expirer au pied de son enceinte. Semblable à la fleur qui se cache et ne répand pas au loin ses parfums, il n'est pas fréquenté par la foule ; il n'est connu que d'un petit nombre de chrétiens d'élite qui viennent y chercher le repos du cœur, et y respirer la douce odeur de la piété ; mais il est surtout visité par les âmes affligées de peines intérieures et agitées par le vent des tentations. Car, ce que le monde est en grand, le cœur humain l'est en moindre proportion, une mer orageuse sur laquelle s'élèvent souvent de furieuses tempêtes. Or, c'est dans ce sanctuaire privilégié que les âmes tourmentées par ces sortes d'épreuves en ont souvent obtenu la délivrance, et que les regards de Marie ont plus d'une fois dissipé les nuages du désespoir. A l'ombre de son autel, décoré par des mains pures, la prière monte plus fervente vers le ciel, et en fait descendre des trésors d'espérance et des consolations surnaturelles.

Aussi, les affligés et les infirmes se plaisent à s'y réfugier pour y solliciter la guérison de leurs maladies morales et corporelles. Tantôt on y surprend une épouse contristée qui s'efforce, par d'instantes prières, de regagner à Jésus-Christ le cœur d'un mari indifférent ou irréligieux. Tantôt c'est une autre Monique qui, lasse de reprocher en vain à un nouvel Augustin ses précoces égarements, vient réclamer le secours de celle qui a reçu le pouvoir victorieux de changer les cœurs. Quelquefois c'est une jeune âme qui flotte entre Dieu et le monde, et qui demande à Marie, avec une pieuse anxiété, dans quelle voie elle doit marcher, et implore avec larmes la lumière du ciel. Souvent ce sont des femmes âgées qui vivent dans l'hospice voisin, et qui se sont traînées péniblement aux pieds de Notre-Dame de Bonne-Délivrance pour faire brûler un cierge en son honneur, et lui demander la grâce de porter avec résignation les derniers jours d'une existence pénible. Plus loin, c'est un malade qui conjure par ses soupirs plus que par ses paroles la Vierge puissante de lui tendre cette main d'où s'échappent tant de guérisons. En un mot, c'est là que la voix suppliante de ceux qui souffrent aime à se joindre aux doux accents de religieuses ferventes qui psalmodient l'office de la sainte Vierge ou qui récitent les litanies de Notre-Dame de Bonne-Délivrance, afin d'obtenir de cette consolatrice des affligés un remède à leurs douleurs.

Mais quel est donc le monument merveilleux qui s'offre à la piété catholique dans ce sanctuaire privilégié? Est-ce un chef-d'œuvre de l'art, objet de l'admiration du siècle? Non, c'est une statue de pierre taillée avec la plus grande simplicité et mise en couleur par un pinceau naïf et peu savant. Elle représente une Vierge au teint noir (1), tenant sur son bras gauche

(1) La plupart des statues miraculeuses de Marie sont noires et grossièrement sculptées. Nous citerons entre autres l'image de *Notre-Dame de Roc-Amadour*, qui est une statuette de chêne noir, à peine dégrossie; *Notre-Dame du Puy*, dont la figure, ainsi que celle de l'enfant Jésus, est en cèdre noir; *Notre-Dame de Liesse*, qui est d'une couleur brune; la *bonne Vierge noire*, de Marseille, à qui la piété des habitants vient demander de faire tomber de la pluie dans les grandes sécheresses, etc., etc.

Ce seul fait prouve qu'il y a, dans le culte de la sainte

l'enfant Jésus, et qu'on invoque sous le titre de *Notre-Dame de Bonne-Délivrance*. Cette image est enrichie de nombreux *ex-voto* ; ce sont des cœurs dorés et argentés, emblèmes des guérisons morales opérées par la consolatrice invisible des affligés, et qui sont un gage authentique de la reconnaissance de ceux dont elle a écouté la prière à l'heure de la tentation. Or, quelle est l'origine de cette statue ? sur quoi est fondé le culte qu'on lui rend ? quels sont les souvenirs qui s'y rattachent ? Telle est l'histoire que nous entreprenons de raconter.

Vierge, quelque chose d'infiniment supérieur à toutes les idées matérielles, et que le calcul humain y est étranger. On sent que *l'homme ferait mieux*. Et, qu'on ne dise pas que, pour séduire les peuples, il a fallu travailler de la sorte ; car il serait absurde de prétendre qu'un informe morceau de bois ou de pierre est plus propre à agir sur les esprits et à les fasciner que le beau idéal de la sculpture ou de la peinture. Il vaut mieux reconnaître que Dieu a voulu par là empêcher les fausses dévotions des personnes peu instruites, qui auraient pu attribuer quelque vertu à ces statues elles-mêmes, si elles eussent été d'un travail fini. De cette manière, il est visible que c'est Marie elle-même qu'on honore et qu'on invoque dans sa terrestre image.

Il existait avant nos orages politiques une église collégiale située dans la rue Saint-Jacques, vis-à-vis le grand couvent des Jacobins, et qui portait le nom de Saint-Etienne des Grès. Cette église, dont la fondation remonte à la plus haute antiquité (1), était renommée par

(1) Les historiens de Paris ne sont d'accord ni sur l'origine de cette église, ni sur l'étymologie du surnom qui lui a été donné. Jacques Dubreuil, Gilles Corrozet, André Duchêne et quelques autres prétendent que ce temple a été fondé par saint Denis l'Aréopagite, apôtre de Paris. De là vient, selon eux, le nom de Saint-Etienne *des Grecs*, et non *des Grès*, parce que saint Denis était Grec, ainsi que ses compagnons saint Eleuthère et saint Rust que. Le père Doublet, historien de l'église Saint-Etienne, rapporte qu'il a vu devant le portail une croix de pierre très-antique, avec ce titre : *C'est la croix de monsieur saint Estienne des Grecs, bâtie par monsieur saint Dénis.* Mais il est constaté aujourd'hui que l'apôtre de Paris n'est pas saint Denis l'Aréopagite. L'abbé Lebeuf se contente de dire que cet édifice existait déjà au septième siècle. Quoi qu'il en soit, ce n'est qu'au onzième qu'il convient de fixer l'origine de Saint-Etienne, comme église collégiale. Son chapitre se composait de onze chanoines et d'un chefcier, qui étaient à la nomination de deux chanoines de Notre-Dame, dont elle était une des *quatre filles* ; il y avait de plus un desservant que nommait le chapitre de Saint-Etienne des Grès.

un pieux pèlerinage. On y voyait une statue de la Vierge au teint noir, qu'on honorait sous le titre touchant de Notre-Dame de Bonne-Délivrance, et qui était devenue l'objet de la dévotion des fidèles par les grâces singulières dont elle était l'instrument. Des ombres épaisses environnent l'origine de cette miraculeuse image ; on croit seulement que la chapelle dans laquelle elle était vénérée fut érigée à la fin du onzième siècle.

C'était l'époque où toutes les classes de la société mettaient en commun leurs efforts et leurs richesses pour payer à la vierge Marie le tribut de leur amour, et où la construction des édifices sacrés entrepris pour sa gloire était le grand objet de la dévotion des chrétiens. Alors la mère de Dieu versait ses bienfaits sur les peuples animés d'une foi vive, et les peuples, par reconnaissance, lui bâtissait des sanctuaires. C'est sans doute ce sentiment d'un juste retour pour de hautes faveurs qui éleva l'oratoire de Notre-Dame de Bonne-Délivrance.

Or, en ce temps-là, l'église Saint-Étienne des Grès se trouvait isolée dans la campagne et entourée de vignes. Sa situation solitaire permettait donc au peuple de la Cité de venir satisfaire sa dévotion pour Marie avec plus de ferveur. Les épouses chrétiennes qui se trouvaient près de leur terme s'y rendaient probablement pour solliciter une heureuse délivrance ; les jeunes mères y apportaient peut-être aussi leurs nourrissons malades, et priaient la mère de tous ceux qui souffrent de les guérir ; les bourgeois de Paris gravissaient sans doute la sainte colline pour confier à la *Vierge noire* leurs intérêts en péril. Cependant, il ne nous reste aucun titre de la célébrité de ce pèlerinage dans ces temps reculés ; c'est seulement vers le milieu du seizième siècle que l'histoire nous fournit des documents certains sur ce lieu de dévotion, à l'occasion d'une confrérie fameuse qui y prit naissance.

C'était le temps où l'hérésie de Luther et le schisme de Henri VIII commençaient à déchirer l'Eglise. L'esprit d'association, l'une des œuvres du christianisme qui tendent à resserrer les liens de l'unité catholique, s'empara alors des fidèles comme par un instinct providentiel. On sentit le besoin de s'enrôler sous la bannière de celle *qui a vaincu toutes les hérésies,* pour conserver le dépôt sacré de la foi, pour prévenir les dissensions qu'engendre l'erreur, et pour s'occuper du soulagement des infortunés. Parmi toutes les confréries qui se formèrent alors à Paris, la plus célèbre est celle de *Notre-Dame de Bonne-Délivrance*, dans l'église de Saint-Etienne des Grès.

Voici comment un chroniqueur naïf en raconte l'institution :

« Sensuyvent les ordonnances faictes pour l'érection de la confrérie de la charité de Nostre-Dame de Bonne-Délivrance, en l'honneur de Dieu nostre créateur et de la glorieuse vierge Marie sa très digne mère, et pour entretenir en dévotion singulière tous vrays chrestiens et chrestiennes.

« Le dymanche, vingtième jour d'apvril, l'an 1533, messire Jean Olivier, prestre et chanoyne de Sainct-Estienne des Grecs, homme grandement pieux, dévot à Nostre-Dame, de bonnes mœurs et menant une vie fort honnête ; et maistre Le Pigny, et Quentin Froissant, gens de bien et fort affectionnés au service de la reyne des anges, tous deux jurés bourgeois de Paris ; s'adjoignirent pour commencer l'établissement d'une société saincte, sous le titre de *Confrérie royale de la charité de Nostre-Dame de Bonne-Délivrance*, dans une chapelle de l'église Sainct-Estienne des Grecs, assyse hors du chœur et le joignant du côté de main gauche en entrant dans icelle église, ayant vue sur la rue Sainct-Estienne et au chevet de la dicte église ; le tout sous le bon plaisir de Mgr. le révérendissime cardinal du Bellay, évesque de l'Eglise de Paris, et par la permission de messieurs du chapitre de Nostre-Dame ; pour y faire leurs assemblées spirituelles, et s'encourager mutuellement à la vertu par des actes de dévotion, pratiquer les bonnes œuvres, et délyvrer les prisonniers.

« Tous ceux et celles qui auront dévotion et se voudront faire enregistrer au registre de la dicte confrérie royale seront participants, à toujours, aux bienfaicts, prières, oraisons et divers servyces qui se feront et se célébreront, en donnant pour l'homme et la femme, le jour de l'entrée, dix deniers tournois, pour chaque semaine de l'an.

« Nul ne sera admis dans cette confrérie royale s'il ne s'est, par une humble confession de ses péchés, réconcilié avec Dieu son créateur, et si en mesme temps il ne promet d'obéir aux supérieurs de la congrégation, et d'assister, selon les règles de la charité, les confrères malades, et faire une aumône pour la délyvrance des prisonniers, etc. (1). »

Telle fut l'humble origine de la confrérie de Notre-Dame de Bonne-Délivrance qui devait bientôt acquérir tant de célébrité. En effet, Marie fut si touchée du zèle de ses trois premiers serviteurs, qu'elle ne tarda pas à montrer combien le sanctuaire de Saint-Etienne des Grès lui était agréable. Ses mains laissèrent découler sur les fidèles qui se faisaient enrôler sous sa bannière libératrice des largesses signalées qui de jour en jour y attirèrent un plus grand nombre de pèlerins. Mais laissons un autre historien de Saint-Etienne des Grès décrire lui-même les progrès de la pieuse institution :

« Cette confrérie royale de la Charité de

(1) Ordonnance pour l'érection de la confrérie royale de la Charité de Nostre-Dame de Bonne-Délivrance, dans l'église Saint-Etienne des Grecs. *Manuscrit de la bibliothèque de l'Arsenal.*

Notre-Dame de Bonne-Délivrance reçut dès son origine des marques si sensibles de la protection divine, que la collégiale de Saint-Etienne devint en peu de temps renommée par le culte de la sainte Vierge. En effet, à peine en eut-on jeté les fondements, que tout le monde y accourut de toutes parts. Elle fit de si grands progrès, que, sans aucuns biens-fonds, cette première société de trois personnes réunit sous une même congrégation plus de douze mille confrères de l'un et de l'autre sexe, qui entretinrent le culte de Marie avec autant d'éclat que d'édification, non-seulement à toutes ses fêtes, mais encore tous les jours de l'année. Qu'est-ce qui lui a donné cet accroissement ? C'est le seul titre de *Notre-Dame de Bonne-Délivrance*. Ce seul mot de *Bonne-Délivrance* y appelle tous les jours tous ceux qui sont en perplexité d'esprit, opiniâtreté de volonté, infirmité de corps, tyrannie des passions, oppression des ennemis, ou dans quelque traverse que ce soit. La seule prononciation de ce titre royal est comme un cri public, ou signal général pour tous les affligés à se réfugier aux pieds de la sacrée Vierge et se vouer à cette sainte confrérie. Elle est particulièrement le refuge des prisonniers pour dettes ; mais aussi les femmes qui se trouvent près de leur terme, menacées de la mort et voyant leur fruit en danger, font vœu à Notre-Dame de Bonne-Délivrance ; mais c'est surtout le recours de ceux qui se trouvent à l'article de la mort, effrayés des rigoureux jugements de Dieu, de la vision des démons et des tentations du désespoir. C'est pour tous un abri tranquille où l'on vit en paix dans les contre-temps les plus fâcheux de la vie et au milieu des orages de ce monde ; enfin, c'est le rendez-vous de tous ceux qui, plongés dans les ténèbres, désirent voir le soleil de la liberté (1). »

Cette narration prouve que, dès les premières années de son institution, la confrérie de Notre-Dame de Bonne-Délivrance avait pris

(1) Voyez l'Histoire du glorieux protomartyr saint Estienne, grand archidiacre de Sion et de la très-ancienne église de Sainct-Estienne des Grecs, des singularités de ladicte église de la confrérie de Nostre-Dame de Bonne-Délivrance, et des belles processions qui s'y font ; par Jacques Doublet, bénédictin, doyen de l'abbaye royale de Saint-Denis. Paris, 1648, in-8°.

une grande extension. Aussi, le souverain pontife Grégoire XIII, voulant favoriser de plus en plus son heureux développement, lui accorda un bref de confirmation et l'honora de grandes indulgences.

Ces faveurs contribuèrent en effet à lui donner un nouvel accroissement, et attirèrent bientôt sous sa bannière une milice nouvelle et généreuse. En ce temps-là, la jeunesse était portée au culte de Marie par une inclination vive et tendre. Les étudiants des colléges, où tant de bourses étaient données au nom de la sainte Vierge, ne répudiaient pas, comme aujourd'hui, en entrant dans la carrière des sciences, toute pratique du christianime. Fidèles aux pieuses traditions du foyer domestique auquel la religion présidait alors avec un doux empire, ils ne rougissaient pas de s'enrôler au service de la Reine des vierges, et de mettre sous sa garde l'honneur de leurs premières années. Alors, ils se réunissaient en commun pour dire le chapelet, et se levaient avant le jour pour réciter l'office de *Notre-Dame*. La Providence voulut donc que la confrérie de Notre-Dame de Bonne-Délivrance prît naissance au centre même des écoles de Paris, afin qu'elle fût l'asile de la jeunesse nombreuse qui s'y rendait de toutes les parties de l'Europe pour étudier sous les grands maîtres, et surtout dans le collége des jésuites qui était fréquenté par la fleur des étudiants.

Or, parmi ces charmants modèles du jeune âge, on distinguait, en 1578, un enfant de onze ans qui venait d'arriver de Savoie, accompagné de son précepteur, pour achever le cours de ses études. C'est entre les mains des disciples d'Ignace qu'il venait se remettre, parce qu'il avait entendu dire qu'ils étaient envoyés du ciel pour guider les jeunes générations dans le chemin de la vertu et de la science. Le pieux jeune homme, que le lécteur a déjà nommé François de Sales, suivit donc leurs leçons avec toute la distinction de son précoce génie. Mais il ne s'appliquait pas tellement à l'étude, qu'il ne réservât une partie considérable de son temps pour les exercices de piété. C'est le sanctuaire de Saint-Etienne des Grès qu'il avait choisi pour s'y livrer avec plus de recueillement et de ferveur. Ses plus délicieux moments étaient ceux qu'il passait aux pieds de l'image miraculeuse de Marie ; c'est là que dans de naïfs épanchements il racontait à sa céleste mère tout ce qui se passait dans son âme innocente ; là qu'il se nourrissait du souvenir de ses bienfaits, et du sentiment de la reconnaissance qu'ils faisaient naître dans son cœur.

Un jour, dans l'un de ces pieux pèlerinages, il se sentit inspiré de se consacrer à la Reine des anges par le vœu de chasteté perpétuelle. Ayant obtenu l'agrément de son guide spirituel, il accomplit cette donation de lui-même au pied de l'autel de Notre-Dame de Bonne-Délivrance. « Là, prosterné contre terre, dit un « historien de sa vie, après avoir longtemps « gémi devant Dieu avec une ferveur extraor-« dinaire, il lui offrit le sacrifice de son corps, « et le pria d'agréer que, suivant le conseil de « l'Apôtre, il renonçât pour toujours au ma-« riage. Il se dédia ensuite à la sainte Vierge « qu'il prit pour sa mère et son avocate, et la « supplia de lui obtenir les grâces qui lui « étaient nécessaires pour garder la conti-« nence (1). »

(1) *Vie de saint François de Sales*, par Marsollier, livre 1er.

Il est vraisemblable que c'est à cette époque, sinou dès son arrivée à Paris, que le jeune François de Sales entra dans la confrérie de Notre-Dame de Bonne-Délivrance. Nous savons par ses écrits qu'il aimait les livrées de ces sortes d'association, même celles des plus humbles hameaux. « J'entre, dit-il, dans toutes « les confréries que je rencontre, parce qu'il « n'y a rien à perdre et tout à gagner par la « communication des prières et des bonnes œu- « vres. Les prières de ces gens simples me se- « ront bien utiles. J'espère bien que je n'irai « pas en enfer ; mais je crains le feu du purga- « toire ; je pourrais y rester longtemps, et j'ai « confiance que ces bonnes gens m'en tireront « par leurs prières. »

Dès que le fervent congréganiste eut fait vœu de chasteté, il prit la résolution de communier tous les huit jours. Il sentait qu'il avait besoin de se nourrir fréquemment du pain des forts pour résister à ses passions naissantes, et pour soutenir les épreuves qu'il prévoyait devoir rencontrer en avançant dans le chemin de la vie. En effet, la tentation ne tarda pas à l'assaillir ; mais elle se présenta du côté qu'il l'attendait le moins. Comme ce trait d'histoire a contribué à la célébrité du sanctuaire et de l'image de Notre-Dame de Bonne-Délivrance, nous laisserons un illustre ami de notre aimable saint le décrire dans toutes ses circonstances :

« Parmi les tentations qui éprouvent notre foi, dit l'évêque de Belley, celle qui regarde la prédestination est une des plus pénibles, car c'est un abîme où toute la sagesse humaine est dévorée.

« Dieu, destinant notre bienheureux à la charge et conduite des âmes, a permis qu'il fût rudement tenté de ce côté-là, afin qu'il apprît par sa propre expérience à être infirme avec les infirmes.

« Comme il achevait ses études à Paris, n'ayant alors que seize ans, le mauvais esprit jeta dans son imagination qu'il était du nombre des réprouvés. Cette tentation fit une telle impression sur son âme, qu'il en perdait le repos, et ne pouvait ni boire ni manger. Il desséchait à vue d'œil, et tombait en langueur.

« Son précepteur, qui le voyait dépérir tous les jours, ne pouvant prendre goût ni plaisir rien, lui demandait souvent le sujet de sa mélancolie ; mais le démon qui l'avait rempli de cette illusion était de ceux que l'on appelle muets, à raison du silence qu'ils font garder à ceux qu'ils affligent.

« Il se vit en même temps privé de toute la suavité du divin amour, mais non pas de la fidélité avec laquelle, comme avec un bouclier impénétrable, il tâchait de repousser, quoique sans s'en apercevoir, les traits enflammés de l'ennemi. Les douceurs et le calme qu'il avait goûtés avec tant de contentement, avant cet orage, lui revenaient en la mémoire et redoublaient sa peine. C'était donc en vain, se disait-il à lui-même, que la bienheureuse espérance m'allaitait de l'attente d'être enivré de l'abondance des douceurs de la maison de Dieu, et noyé dans les torrents de ses voluptés. O aimables tabernacles de la maison de Dieu ! nous ne vous verrons donc jamais, et nous n'habiterons jamais ces admirables demeures du palais du Seigneur !

« Il demeura un mois entier dans ces angoisses et amertumes de cœur, qu'il pouvait comparer aux douleurs de la mort et aux périls de l'enfer. Il passait les jours dans des gémissements douloureux, et, les nuits, il arrosait son lit de ses larmes.

« Enfin, étant par une inspiraition divine entré dans l'Eglise Saint-Etienne des Grès pour invoquer la grâce de Dieu sur sa misère, et s'étant mis à genoux devant l'image de la sainte Vierge, il pria cette mère de miséricorde d'être son avocate auprès de Dieu, et de lui obtenir de sa bonté, que, s'il était assez malheureux pour en être séparé éternellement, il pût au moins l'aimer de tout son cœur pendant sa vie.

« Voici la prière qu'il récita tout baigné de larmes, et le cœur pressé d'une douleur inexprimable :

« Souvenez-vous, ô très-pieuse vierge Marie, « qu'on n'a jamais ouï dire qu'aucun ait été dé- « laissé de tous ceux qui ont eu recours à votre « protection, imploré votre secours, et de- « mandé vos suffrages. Animé de cette con- « fiance, ô Vierge! mère des vierges, je cours et « viens à vous : et gémissant sous le poids de « mes péchés, je me prosterne à vos pieds. O « mère du Verbe! ne méprisez pas mes prières,

« mais écoutez-les favorablement, et faites que
« Dieu m'exauce et me pardonne mes fautes
« par votre intercession. Ainsi soit-il. »

«Il ne l'eut pas plutôt achevée, qu'il ressentit
l'effet du secours de Notre-Dame et le pouvoir
de son assistance envers Dieu, car en un instant ce dragon qui l'avait rempli de ses fu-
nestes illusions le quitta, et il demeura inondé
d'une telle joie et consolation, que la lumière
surabonda où les ténèbres avaient abondé(1). »

Telle est la terrible tentation dont François
de Sales obtint la délivrance dans le sanctuaire
de Saint-Etienne des Grès. Une telle faveur ne
pouvait rester secrète. L'heureux jeune homme
la publia lui-même avec reconnaissance pour
la gloire de sa libératrice, et ce miracle de la

(1) *Esprit de François de Sales*, 4e partie, chapitre
dernier.

Afin de perpétuer la mémoire de ce fait surnaturel,
une chapelle, sous le titre de Saint-François de Sales,
fut érigée dans l'église Saint-Etienne des Grès, le 21 mai
1692, aux frais de demoiselle Marguerite Drouet, veuve
du sieur Jean Pinson de la Mártinière, avec fondation
à perpétuité de quatre messes par an, pour le repos des
âmes de ses ancêtres et de ses descendants.

bonté de Marie augmenta la renommée de son antique image et lui mérita plus que jamais le titre de Notre-Dame de Bonne-Délivrance. Aussi, après cet insigne bienfait, notre jeune saint lui voua-t-il un culte plus assidu et plus filial, et, jusqu'aux derniers moments de son séjour à Paris, il en fit le but constant de ses pèlerinages.

Au reste, elle était un objet de dévotion pour les plus saints personnages de cette époque, parmi lesquels on doit placer Vincent de Paul et le père Claude Bernard, surnommé le pauvre prêtre. Ce dernier reçut lui-même à ses pieds une grâce non moins signalée que celle dont fut favorisé saint François de Sales. Après une jeunesse fort orageuse passée dans la dissipation du plaisir et les désordres qui en sont la suite, touché de la grâce, il commençait à se convertir. Mais il lui survint, dans la maison où il demeurait, une occasion de rechute, la plus dangereuse à laquelle il eût été jamais exposé, et qu'il ne pouvait éviter que par une prompte fuite. Il court se jeter aux pieds de *Notre-Dame de Bonne-Délivrance*, conjure la sainte Vierge de le secourir, et promet, s'il obtient cette grâce, de se livrer entièrement au service de Dieu et du prochain. Sa prière à peine finie, il se sent exaucé, et de retour chez lui, il reconnaît que, par une circonstance extraordinaire, évidemment ménagée par la divine Providence, l'occasion a subitement disparu. Bernard, pénétré de la plus vive reconnaissance, exécute aussitôt sa promesse. Il l'accomplit avec tant de courage et de fidélité, qu'il parvint en peu de temps à la pratique des plus sublimes vertus. Redevable de cette faveur éclatante à la protection visible de Marie, il lui en prouva sa tendre gratitude, non-seulement par un dévouement tout spécial à son service, mais encore en travaillant sans relâche à la faire honorer par tous les moyens que son zèle industrieux pouvait lui suggérer. Celui qui lui servit le plus efficacement à ranimer dans tous les cœurs la dévotion à Marie, fut la prière miraculeuse, aimée de saint François de Sales, et composée, dit-on, par saint Bernard, le *souvenez-vous, ô très-pieuse Vierge*. Il la fit imprimer en différentes langues, et en distribua plus de deux cent mille exemplaires pendant sa vie (1).

(1) Le Père Bernard était fils d'un conseiller du parle-

Depuis cette époque, les pieux fidèles venaient constamment la réciter à Saint-Etienne des Grès devant l'image de la sainte Vierge, qui

ment de Bourgogne, qui fut depuis lieutenant-général de Châlons-sur-Saône. Après avoir renoncé aux vanités du monde, qui le séduisirent pendant quelques années, il devint un des plus grands contemplatifs de son siècle. Il voulut célébrer sa première messe dans la chapelle de l'Hôtel-Dieu, entouré des pauvres qu'il y avait invités, au lieu de ses parents. Dès ce moment, il se fit appeler le *pauvre prêtre*, et se consacra entièrement au service des pauvres et des malades dans cet établissement. Après avoir passé vingt ans dans cet exercice, il alla le continuer à l'hôpital de la Charité ; s'établit sur les places publiques où il prêchait avec une éloquence vive et naturelle qui lui attirait de nombreux auditeurs. Ses exhortations étaient soutenues par d'abondantes aumônes, pour lesquelles il trouva des ressources dans le produit d'un héritage de 400,000 livres qui lui survint, et qu'il vendit pour soulager les malheureux, et dans le produit des quêtes qu'il faisait à la cour et à la ville. Son zèle, au soin des pauvres et des malades, s'étendit à celui des malheureux détenus dans les prisons. Plusieurs criminels qu'il conduisit sur l'échafaud ou à la potence, touchés de ses exhortations, subirent leur supplice dans de grands sentiments de pénitence. Au milieu des fatigues de son ministère et des austérités de sa vie, il avait conservé toute sa gaieté naturelle. Le cardinal de Richelieu le pressant un jour de lui demander quelque montra de plus en plus, par des témoignages éclatants, combien ce sanctuaire était cher à son cœur maternel.

Sa renommée toujours croissante parvint jusqu'au souverain pontife Clément VIII, qui confirma et augmenta les indulgences accordées par son prédécesseur d'heureuse mémoire à la confrérie de Notre-Dame de Bonne-Délivrance ; il fut imité par les papes Paul V, Grégoire XV, et Urbain VIII, qui l'enrichirent tour à tour des trésors de l'Eglise.

A dater de cette époque, ce ne fut pas seulement le peuple et les simples bourgeois qui s'empressèrent d'en faire partie, mais des femmes du monde, des hommes d'armes, des

grâce : « Monseigneur, lui dit-il, je prie Votre Eminence « d'ordonner que l'on mette de meilleures planches au « tombereau dans lequel je conduis les criminels au lieu « du supplice, afin que la crainte de tomber dans la rue « ne les empêche pas de se recommander à Dieu avec at-« tention. » Ce fut au milieu de tous ces exercices de charité que le père Bernard mourut, en odeur de sainteté, le 23 mars 1641. Le clergé de France a plusieurs fois sollicité sa béatification. (Voyez sa vie, écrite par le père L'Empereur, jésuite. Paris, 1708 In-12.)

princes et des seigneurs puissants dans le siècle : la piété y associa même plusieurs de nos
rois et de nos reines, qui ne rougissaient pas
de porter les livrées de la Vierge, protectrice de
la France, et d'incliner devant son humble
image leurs têtes couronnées. Voici les noms
des principaux personnages, qui figuraient sur
le registre de cette confrérie vraiment royale,
avec la mention des actes de leur munificence,
tels qu'ils sont rapportés dans le *Livre de cette
institution*.

« Louis XIII, ayant mis son royaume sous
la protection de la reine du ciel, se fit inscrire
dans cette confrérie, et de plus il voulut donner des marques de sa libéralité royale par le
présent d'argenterie qu'il a fait distribuer aux
maîtres et gouverneurs, pour l'ornement de la
chapelle.

« Anne d'Autriche s'y fit inscrire le 4 mars
1622, et, imitant la piété de ce monarque, a fait
présent à la chapelle d'un très-riche ornement
complet de velours rouge, de chandeliers d'argent fleurdelisés, d'un bénitier d'argent, qui
sont existants dans le trésor de la confrérie.
Elle y fit inscrire Louis XIV encore enfant, le

13 mars 1643, et la coutume s'est introduite, depuis ce temps-là, d'y associer les enfants de France dès leur naissance.

« Gaston, duc d'Orléans, frère de Louis XIII, a été offert à notre bienheureuse mère, et inscrit au nombre des confrères, le 15 octobre 1632.

« Le duc d'Anjou et d'Orléans, frère unique de Louis XIV, au mois de mars 1647. A cette occasion, Anne d'Autriche donna une magnifique lampe d'argent du poids de 54 marcs, aux armes du prince.

« Le grand Condé se fit inscrire sur le registre royal, le 20 janvier 1648. La princesse de Condé, mars 1650.

« Le prince et la princesse de Conti, février 1661.

« Marie de Bourbon, fille de France, tante du roi et de la reine d'Angleterre, octobre 1662.

« Marie - Thérèse d'Autriche, épouse de Louis XIV, le 7 août 1665. Elle a offert Louis, dauphin, à Notre-Dame, et l'a fait inscrire dans la confrérie, le 5 juin 1664.

« Marie-Christine de Bavière, dauphine de France, aïeule de Louis XV, le 2 février 1684.

2.

Elle a fait don d'une lampe d'argent, etc. (1).»

Ce serait sortir des bornes dans lesquelles nous nous sommes renfermés, que de mentionner tous les personnages de distinction qui se firent agréger à la confrérie de Notre-Dame de Bonne-Délivrance. Il suffit de dire que les princes les plus illustres de la monarchie ne croyaient pas indigne d'eux d'y inscrire leurs noms, et de se confondre avec le peuple fidèle sous la bannière de Marie. Leur piété généreuse n'oubliait rien de ce qui pouvait contribuer à embellir son sanctuaire. Les uns donnaient des riches vêtements et des robes précieuses, pour couvrir la sainte image aux grandes solennités ; d'autres versaient dans le trésor de la confrérie d'abondantes aumônes, qui étaient consacrées à la délivrance des prisonniers pour dettes. Une quête avait lieu à tous les offices pour cette belle œuvre, et, chaque année, les maîtres et gouverneurs de la confrérie, comme d'autres *Pères de la Rédemp-*

(1) Voyez *Institution de la confrérie de la Charité de Notre-Dame de Bonne-Délivrance,* par Laurent Féval. Paris, 1729. In-8.

tion, se rendaient dans les diverses prisons de Paris, munis des dons de la charité chrétienne, en faisaient ouvrir les portes aux infortunés, que la misère y avait précipités, et les rendaient à leur famille attendrie et reconnaissante.

Au reste, le zèle et l'empressement des fidèles de tout âge et de tout rang, pour le sanctuaire de Marie, étaient bien justifiés par la solennité des offices religieux qu'on y célébrait, et dont la multiplicité et la durée effrayeraient aujourd'hui notre tiédeur et notre mollesse mondaine. Nous croyons devoir entrer dans le détail de ces pieuses pratiques, et notamment reproduire la description naïve de la célèbre procession de Notre-Dame de Bonne-Délivrance, que nous a laissée un historien déjà cité. Le lecteur pourra juger par là quelle était la ferveur de nos pères, et la simplicité de foi de ces temps heureux, et déjà si loin de nous.

ORDRE DU SERVICE DIVIN ÉTABLI DANS LA CHA-
PELLE DE NOTRE-DAME DE BONNE-DÉLIVRANCE,
POUR LES CONFRÈRES ET FIDÈLES CHRÉTIENS.

« Premièrement, sera dict et célébré par chaque dimanche de l'an, après la messe de chœur, une haulte messe solennelle de Nostre-Dame, à diacre et soubz diacre avec chappiers et orgues, excepté les dimanches auxquels adviennent festes doubles et solennelles, auque cas sera célébré du jour. Et en icelle le célébrant, après l'offrande faicte, dira *De profundis;* et la dicte messe célébrée dira encore *De profundis* avec l'oraison pour les trépassés.

« Item, tous les premiers dimanches par chaque moys, à 4 heures de relevée, après vespres et complies de chœur, se dict un salut solennel où se chantent les vespres de Nostre-Dame, *Magnificat,* avec encens, une procession à l'entour de l'église où sont chantées les litanies de la saincte Vierge. L'on baille aux chanoynes et anciens maistres chacun un cierge de confrère allumé. Et après icelle procession, se chante *Salve Regina,* ou autre hymne selon le temps,

Domine, non secundum, l'*Exaudiat* et oraison pour le roi, *Languentibus* et *De profundis*.

« Item, sera dict et chanté par chaque dimanche et festes commandées de l'an, vigile à neuf psaumes et neuf leçons incontinent après vespres et complies de chœur dictes ; pourveu que mesdicts seigneurs chefciers et chanoynes n'aient obit, auquel cas ces dictes vigiles seront dictes, le lundi matin après matines du chœur.

« Item, sera dict et célébré par chaque lundi de l'an, si feste solennelle n'advient, laudes et haulte messe de *Requiem* à diacre, soubz diacre et deux chappes. En ce dict jour, l'autel de Nostre-Dame est privilégié pour toute l'année.

« Item, par chaque mardi de l'an sera dicte une haulte messe de sainct Roch, avec commémoration de monsieur sainct Sébastien, à diacre et soubz diacre. Item, outre, le dict jour, sera dicte une messe basse de Nostre-Dame de Pitié, avec *De profundis* comme dessus.

« Item, par chaque mercredi de l'an, sera célébrée une messe haulte du Sainct-Esprit, avec *De profundis* comme dessus.

« Item, par chaque jeudi de l'an, sera célébrée une haulte messe solennelle du très-sainct sacrement de l'autel.

« Item, outre, le dict jour, sera dicte une messe basse de monsieur sainct Estienne, patron de la dicte église, avec *De profundis* comme dessus.

« Et ce dict jour, se dict et chante un salut solennel du sainct sacrement, après les vespres de chœur. Item, tous les premiers jeudis du moys, se faict une procession solennelle à l'entour de là dicte église où est porté le *Corpus Christi*.

« Item, par chaque vendrèdi de l'an sera dicte une haulte messe de la saincte croix de nostre Sauveur, *De profundis* comme dessus, et à la fin sera dicte la Passion.

« Item, par chaque samedi de l'an sera célébrée une haulte messe solennelle de Nostre-Dame, et à l'issue de la dicte messe, sera dict le *Stabat mater*.

« Les dictes messes et services à l'intention des dicts confrères et sœurs; et faut noter qu'à tous et chacun des dicts jours cy-dessus nommés, se dict une messe basse à l'intention de tous les bienfaicteurs de la dicte confrérie royale.

« Item, par chaque feste de Nostre-Dame

sera célébré service et office solennel, en commençant par les premières vespres, matines, deux haultes messes solennelles avec offrande et pain bény, et qui se continue pendant l'octave de la mi-aoust ; soir et matin, exposition du très sainct sacrement de l'autel et prédication.

« Item, le baston d'icelle confrérie royale de la Charité de Nostre-Dame de Bonne-Délivrance sera délivré au nouveau bastonnier et bastonnière, le jour de l'Assomption de Nostre-Dame en aoust, en faisant les services et frais accoutumés.

« Item, les dicts services et offices solennels, en commençant par les vigiles, se font par chaque feste des patrons de la confrérie, c'est à savoir ès festes de monsieur sainct Pierre, sainct Jehan-Baptiste, sainct Estienne, sainct Denis, sainct Roch, sainct Sébastien, saincte Geneviève, et madame saincte Barbe (1).

« Item, et pour chacun des confrères et sœurs d'icelle confrérie, qui vont de vie à tré-

(1) Saint François de Sales fut mis au nombre des patrons de la confrérie aussitôt après sa béatification.

pas, on faict dire et chanter vespres des morts, vigiles à neuf psaumes et leçons avec laudes et recommendaces, trois haúltes messes, la prose *Dies iræ, dies illa* et *Libera* à la fin. Il y a quatre cierges ardens aux dépents de la dicte confrérie, et les administrateurs en charge font porter le poêle, appartenant à la dicte confrérie pour servir aux enterremens.

« Item, le premier jour de mai et le 24 aoust, feste de sainct Barthelemy, se faict une procession générale et solennelle, laquelle part de l'église Sainct-Estienne des Grecs, à huit heures précises du matin, pour aller dans une paroisse de la ville ou des faubourgs, qui est choisie tous les ans, et où assistent tous les confrères et sœurs, avec un nombreux clergé, et où l'on chante haulte messe solennelle. L'ordre de la quelle procession est tel que s'en suit. »

ORDRE DE LA PROCESSION DE LA SAINCTE CONFRÉRIE DE NOTRE-DAME DE BONNE-DÉLIVRANCE.

« Premièrement, pendant que monsieur le chefcier, revêtu en la manière qui en suit, assisté de diacre et soubz diacre, tous à genoux au pied de l'autel, chante le *Veni creator ;* devant que de sortir de l'église Sainct-Estienne, il y a un jeune homme, revestu d'une aube de belle toile blanche, bien plissée, ayant un chapelet pendant à sa ceinture, un écusson sur la poytrine, où est l'image de l'assomption de Nostre-Dame, de relief, en broderies, un chapeau (une couronne) de fleurs sur sa teste, nuds pieds, lequel porte une riche bannière de velours cramoisy, ornée de l'image de Nostre-Dame, entourée d'anges, le tout en broderies d'or de relief, parsemé de fleurs de lys d'or et franges de soye et d'or.

« Suit après celui qui porte la croix d'argent doré, enrichie de pierreries, ainsi revestu : orné et nuds pieds, avec deux enfans de chœur, ayant aubes et précédans, portant chacun un grand chandelier d'argent, avec un cierge de cire blanche allumé, et un chapeau de fleurs sur la tête.

« Puis, le beau baston de la confrérie de Nostre-Dame, ayant deux anges, qui tiennent chacun un cierge allumé, le tout doré de fin or, et la hante couverte de fleurs de lys d'or sur un champ d'azur, porté par un jeune homme revestu d'aube de fin lin, nuds-pieds, et le reste ainsi que le premier. Ce baston est accompagné de deux torches allumées, et les porteurs revestus de surplis et tuniques, chacun un chapeau de fleurs sur la teste.

« Marche devant ledit baston un crieur public, revestu d'une riche tunique de velours cramoisy, toute parsemée de fleurs de lys d'or, de relief, et les franges de soye et d'or, ayant un chapeau de fleurs en teste, et tenant en sa main droite une verge et de l'autre un grand bouquet.

« Derrière le dict baston, va la bastonnière vestue de beaux habits, ayant un riche chapeau de belles perles sur la teste.

« Va après une croix d'argent doré, portée par deux anges d'argent, ornée de pierres précieuses, en laquelle il y a du précieux bois de la vraye croix de nostre Sauveur ; le pied d'icelle ou soubassement d'argent bien efflabouré.

« Suit une belle image de Nostre-Dame, environnée de rayons de soleil et d'anges avec son piédestal, le tout d'argent.

« Derrière la dicte image, il y a deux jeunes hommes, et aussi deux autres devant icelle, revestus d'aubes blanches bien plissées, ayant chacun un chapeau de fleurs sur leur teste, un chapelet à leur costé, une plaque sur leur poitrine où est l'image de l'assomption de Nostre-Dame, en broderies de relief, nuds pieds, lesquels portent chacun un gros cierge de cire blanche allumé, pesant 25 livres, et à chaque cierge une couronne, avec un écusson de l'image de l'assomption de Nostre-Dame, comme dessus attaché.

« Après, suit l'image de Monsieur sainct Pierre, laquelle est toute d'argent, tenant une clef d'argent.

« Celle de sainct Jehan-Baptiste, avec un agneau, le tout d'argent.

« L'image de Monsieur sainct Roch, avec l'ange et le chien, tout étant d'argent.

« Celle de sainct Sébastien, attaché à un arbre, ayant au-dessus de la teste un ange qui le couronne, le tout d'argent.

« Lesquelles sainctes reliques marchent avec un bel ordre, et avec une distance bien séante, modestie et gravité convenables. Elles sont portées chacune sur un brancard, orné de parements de damas blanc, rouge, verd et jaune,

sur les épaules de deux jeunes hommes, revestus d'aubes de fine toile, bien plissées, nuds
pieds, et le surplus ainsi que cy-dessus.

« Devant icelles vont des bedeaux, revestus
l'un d'une belle grande robe violette, l'autre
d'une robe mi-partie de blanc et de bleu, et
le troisième d'une robe mi-partie de bleu et de
tanné, ayant des chapeaux de fleurs sur leurs
testes, et en leurs mains une verge, avec un
grand bouquet de fleurs, et sur le bras gauche
chacun une grande plaque d'argent où sont les
images de Nostre-Dame et de sainct Estienne,
en bosse et de relief d'argent.

« Icelles sainctes reliques sont accompa-
gnées de quantité de torches et de luminaires.

« Chemynent après, en rang de chaque costé,
trente jeunes hommes revestus d'aubes de fin
lin, plissées modestement et décemment, d'un
pas grave, nuds pieds, ayant chacun un chapeau de fleurs dessus la teste, un chapelet au
costé, un écusson sur la poitrine où est l'image
de l'assomption de Nostre-Dame, de relief, en
broderies, et en la main un cierge de cire blanche, ardent, avec un grand bouquet.

« Ensuite est le vénérable clergé, composé

d'un bon nombre de gens d'église, revestus de surplis et chappes de damas de diverses couleurs et de velours, allants en deux rangs ; et des deux côtés au-dessus marchent messieurs les chanoynes au nombre de dix, et derrière, le révérend chefcier, portant une croix d'or ou reliquaire en la main, revestu de surplis, estole, et d'une riche chappe, et deux chanoynes, l'un faisant le diacre, revestu d'aube, d'estole, et d'un riche précédant, et l'autre le soubz diacre, revestu d'aube, fanon, et d'une riche tunique, qui vont devant lui, tous ayant un chapeau de fleurs en la teste, et un grand bouquet de fleurs en la main, et en ce bel ordre on s'achemyne en quelque église, où là se célèbre la messe par le sieur chefcier, et y fait on la prédication, et puis on revient de mesme en l'église Sainct-Estienne des Grecs.

« Suyvent finalement les quatre maistres de la confrérie qui sont en charge, et les autres qui sont hors de charge, ayant chacun un cierge de cire blanche, ardent, en la main, avec un grand bouquet de fleurs ; puis une grande multitude de peuple d'un et d'autre sexe, en grande dévotion.

« Messieurs de la ville donnent à la dicte confrérie royale, tous les ans, douze grands flambeaux de cire blanche, ornés des armes de la ville ; et envoyent aussi plusieurs officiers, archers et gardes de la ville pour maintenir le bon ordre, et empescher la confusion par la foule qui est toujours très-nombreuse (1). »

Telle était la pompe pleine de naïveté du culte de Notre-Dame de Bonne-Délivrance. Ces solennités de la foi antique fleurirent jusqu'à l'époque funeste où une audacieuse philosophie jeta le fondement de ses impiétés, c'est-à-dire vers le milieu du dix-huitième siècle. Alors les auteurs de la grande révolution, qui bouleversa plus tard tout l'édifice social et religieux, s'essayaient déjà à en détacher quelques pierres, et, par leurs doctrines, accomplissaient peu à peu cet événement dans les idées et les mœurs de nos pères. La célèbre confrérie fondée en 1533 devint l'objet de la critique et du dédain de la sagesse orgueilleuse du siècle, dont l'influence commençait à s'exercer sur ceux qui

____

(1) *Histoire..... de la très-ancienne église Sainct Estienne des Grecs,* etc., par Jacques Doublet.

ÉGLISE St ÉTIENNE DES GRÉS,

et Procession de N D de Bonne Délivrance

tenaient les rênes du gouvernement. En butte à des attaques nombreuses, elle devait succomber sous le poids de la calomnie et des intrigues de ses ennemis. Le parlement de Paris rendit un arrêt qui la supprima, le 6 février 1737, après deux siècles d'existence et de gloire.

Mais il n'était pas donné à la puissance humaine de supprimer en même temps la confiance et l'amour des enfants de Marie pour leur mère. Le sanctuaire de Notre-Dame de Bonne-Délivrance continua donc à être l'objet de la dévotion des fidèles, et le but de leurs pieux pèlerinages. On y venait prier sans bruit et sans pompe, comme on le fait aujourd'hui dans son nouveau sanctuaire, et cet hommage de la foi humble et silencieuse n'en était que plus cher au cœur de celle qui mit toute sa gloire dans la perfection et l'excellence des sentiments intérieurs (1).

Mais enfin, arrivèrent les jours mauvais et le triomphe définitif de l'impiété. La reine des vierges devait être dépossédée des sanctuaires que la foi des anciens âges lui avait

______

(1) *Omnis gloria filiæ regis ab intus.* Ps. XLIV, 14.

élevés ; et son image immaculée remplacée sur nos autels par l'idole impure de la raison en délire. Avant la ruine de Jérusalem, la Providence annonça, par des signes effrayants, les malheurs qui allaient fondre sur la Palestine ; elle en usa de même dans ces derniers temps. Elle fit prédire, par des signes non équivoques, les crimes et les châtiments de la révolution. La métropole de Paris avait été effrayée d'avance à l'annonce de la profanation qui devait désoler son enceinte et jusqu'à son autel. On se rappellera toujours le mouvement surnaturel d'un célèbre orateur, le P. Beauregard, jésuite, qui fit retentir les voûtes de Notre-Dame de ces paroles prophétiques :

« Oui, vos temples, Seigneur, seront dépouillés et détruits, vos fêtes abolies, votre nom blasphémé, votre culte proscrit. Mais qu'entends-je, grand Dieu ! Que vois-je ? Aux saints cantiques qui faisaient retentir ces voûtes sacrées en votre honneur, succèdent des chants lubriques et profanes. Et toi, divinité infâme du paganisme, impudique Vénus ! tu viens ici même prendre audacieusement la place du Dieu vivant, t'asseoir sur le trône du

Saint des saints, et recevoir l'encens coupable de tes nouveaux adorateurs (1). »

De son côté, Marie elle-même avertit plus d'une fois ses fidèles serviteurs de se préparer au temps de l'épreuve, et de fléchir la colère du ciel si justement irrité. On vit dans divers lieux ses images répandre des larmes, ouvrir et fermer les yeux, comme pour annoncer que les regards de la miséricorde divine allaient se détourner de son peuple, et le livrer entre les mains des instruments de sa justice. Dans une communauté de Paris, fondée au dix-septième siècle, par Marie-Thérèse d'Autriche, épouse de Louis XIV, pour obtenir du ciel la prospérité du royaume et de la famille royale, une statue de la sainte Vierge, antique objet de dévotion, annonça par ses pleurs les crises les plus sanglantes de la révolution, et spécialement le supplice de l'infortuné Louis XVI. Ce phénomène surnaturel se manifesta en d'autres contrées. A Ancône, à Rome et dans plusieurs villes d'Italie, on vit, à l'approche des

______

(1) *Histoire de France* pendant le dix-huitième siècle, tome 7, page 15.

armées révolutionnaires, les images de Marie vénérées dans les églises et sur les places publiques, répandre des larmes abondantes en présence de la multitude consternée (1).

Tels furent les signes lugubres qui annoncèrent les dévastations sacriléges des ennemis de la foi, et l'abomination de la désolation qu'ils traînaient après eux. L'église de Saint-Etienne des Grès présentait à leur cupidité un appât trop séduisant pour échapper à leurs fureurs. Elle fut donc dépouillée de toutes les richesses que la foi des princes et des fidèles y avait réunies depuis plusieurs siècles. On enleva l'or, l'argent, le fer, les grilles, les marbres, les boiseries ; on arracha tous les ouvrages de l'art qui décoraient les murs, et ces dépouilles sacrées furent mises en adjudication publique. Puis, l'édifice lui-même, dont la fondation remontait aux premiers siècles du christianisme,

(1) Ces phénomènes sont prouvés authentiquement dans un écrit publié par Monseigneur Marchetti et traduit en français sous ce titre : *Mémoire concernant les Prodiges arrivés à plusieurs images d'Italie,* 1799. Voyez aussi l'*Histoire générale de l'Église,* 1836, liv. 98ᵉ.

tomba avec sa célèbre chapelle sous le mar-
teau des démolisseurs (1).

Cependant, par un privilége qui tient du
prodige au milieu de ces dévastations sacriléges, la statue de Notre-Dame de Bonne-Délivrance fut respectée et sauvée. La Providence
suscita, pour l'arracher aux mains des profana-
teurs, une veuve chrétienne, qui lui était très-
dévote, et qui, dans les derniers temps, s'était
consacrée à la propagation de son culte, la

---

(1) Les bâtiments de l'église Saint-Etienne des Grès
n'avaient d'ancien, à cette époque, que le côté où était la
la chapelle de Notre-Dame de Bonne-Délivrance : plusieurs piliers qui existaient encore dans cette partie de
l'édifice et la tour paraissaient être de la fin du onzième
siècle. Le portail était plus moderne d'environ cent ans;
le reste, construit à diverses époques beaucoup moins
reculées, se trouvait masqué par une foule de construc-
tions irrégulières, élevées entre le portail extérieur et
l'église, et servant de logements aux membres du chapitre et aux gens attachés à leur service. Ce portail
extérieur avait été, suivant les apparences, bâti dans le
dix-septième siècle. Il ne reste plus aujourd'hui, de l'é-
glise Saint-Etienne des Grès, qu'une portion de muraille
soutenue par deux contre-forts, et qui fait partie d'une
maison particulière, dans la rue Saint-Etienne.

comtesse de Carignan Saint-Maurice. Cette pieuse dame, ayant appris que le mobilier de la paroisse Saint-Étienne allait être mis en vente, se sentit inspirée de soustraire l'image vénérée de Marie aux outrages d'une exposition publique. Elle alla donc trouver secrètement, le 16 mai 1791, les officiers municipaux préposés à la garde de l'église, et ayant fait briller à leur yeux de quoi tenter leur cupidité, elle les décida à lui remettre l'objet précieux, que son cœur convoitait si vivement. Dès quelle en fut propriétaire, elle le fit transporter à l'hôtel Traversière quelle habitait rue Notre-Dame-des-Champs, et qui fait aujourd'hui partie du collége Stanislas.

La dévote comtesse lui dédia dans ses appartements un petit oratoire qu'elle orna avec le plus grand soin, et où l'on célébrait en secret les saints mystères. Elle ne cessait de porter à ses pieds des vœux ardents pour le salut de la France, alors en proie à toutes les horreurs de l'anarchie. De fervents catholiques s'unissaient à elle et venaient souvent en pèlerinage à Notre-Dame de Bonne-Délivrance. Ils étaient soutenus et dirigés par M. l'abbé Bailly, mort depuis évêque de Poitiers, après un épiscopat beaucoup trop court, au gré des peuples confiés à ses soins. Ce digne ecclésiastique s'était réfugié à l'hôtel Traversière, espérant trouver sous la protection tutélaire de Marie un abri contre les fureurs de la persécution. En effet, on rapporte différents traits qui prouvent que la sainte image fut pour la maison de madame de Saint-Maurice ce que l'arche d'alliance avait été pour celle d'Obédedon, un gage de salut et de bénédiction au milieu de la plus grande *terreur*.

Cependant la vénérable servante de Marie ne pouvait éviter plus longtemps le sort glorieux réservé à tous ceux pour qui le nom, la fortune et la piété étaient alors autant de crimes dignes de l'échafaud. Elle fut arrêtée comme *suspecte* et incarcérée dans une maison de la rue de Sèvres, appelée *les Oiseaux*, et qui avait été transformée en prison supplémentaire. Là se trouvaient détenues plusieurs religieuses hospitalières de Saint-Thomas de Villeneuve, avec lesquelles le malheur et la religion lui firent contracter des liaisons intimes, et spécialement avec la révérende mère Walsh de Valois, supérieure générale de cette congrégation. Cette digne religieuse se faisait admirer de toutes les compagnes de sa captivité par sa fermeté d'âme, par sa patience et son empressement à adoucir, autant qu'il était en son pouvoir, les rigueurs de leur situation. Madame de Saint-Maurice eut une part plus tendre à ses soins charitables, et elle en conçut une reconnaissance qu'elle se promit de satisfaire dès qu'elle aurait recouvré sa liberté. Cet heureux moment arriva plus tôt qu'elle ne pensait. Le 4 octobre 1794, les portes de la prison s'ouvrirent pour elle et pour ses amies d'infortune, et cette faveur inattendue fut attribuée à la protection de Notre-Dame de Bonne-Délivrance, qu'elle n'avait cessé d'invoquer durant sa captivité.

Or, à cette époque, la spoliation des maisons religieuses était consommée depuis longtemps. Cependant, par une permission singulière de la Providence, celle des hospitalières de Saint-Thomas avait échappé à l'attention des agents de la tyrannie, et les charitables filles qui l'habitaient continuaient, sous le costume séculier, à panser les plaies des pauvres infirmes qui avaient recours à leurs soins. Mais cette heureuse exception semblait ne devoir pas durer. En effet, au commencement de l'année 1795, elles furent dénoncées au club de leur district comme religieuses déguisées, et une motion fût faite pour mettre en adjudication les bâtiments de leur communauté. Déjà les affiches étaient placardées, lorsque madame de Saint-Maurice, apprenant le danger que couraient ses chères religieuses, et sentant que le moment était venu d'acquitter envers elles la dette de la reconnaissance, se détermine à accomplir un grand sacrifice pour détourner l'orage. Elle se jette aux pieds de sa statue chérie, et fait vœu de la donner à la société des filles de Saint-Thomas si Marie daigne montrer sa puissance en conservant à la religion et à l'humanité le chef-lieu d'un ordre voué aux soins corporels et spirituels des malades. De leur côté, la mère de Valois et ses filles, informées de cette résolution généreuse qui les pénètre de reconnaissance, commencent elles-mêmes une neuvaine de prières à Notre-Dame de Bonne-Délivrance... Et, quelques jours après, les affiches menaçantes sont arrachées par une main qui est restée inconnue, et l'héritage de la charité chrétienne est sauvé.

Ainsi , on continua à laisser dans l'oubli les humbles servantes des pauvres, et les lois d'expropriation sacrilége qui avaient frappé tous les monastères de Paris épargnèrent, par un privilége sans exemple, celui des filles de Saint-Thomas, dont elles sont encore en possession.

Enfin des jours de salut allaient succéder aux nuits ténébreuses de l'impiété, et l'aurore de la paix vint consoler la terre. Dès que la sécurité publique permit d'ouvrir les églises et de relever les autels, la pieuse comtesse songea à l'accomplissement de son vœu ; mais il se passa encore quelque temps avant qu'elle se décidât à le réaliser. En effet, l'ancienne chapelle du couvent de Saint-Thomas n'avait ni les proportions ni l'élégance dignes du précieux dépôt qu'elle lui destinait ; elle voulait préalablement qu'on en construisît une nouvelle, et comme les ressources de la congrégation s'étaient épuisées dans les temps désastreux qu'on venait de traverser, elle fut la première à verser une partie des fonds nécessaires pour commencer l'entreprise.

En attendant qu'on pût réunir le reste, elle

crut devoir soumettre son projet au souverain pontife Pie VII, et solliciter son approbation. Pour cet effet, elle eut recours au cardinal Caprara, légat du saint-siége en France, et lui remit la supplique suivante :

« Très-saint Père,

« Madame de Carignan, comtesse de Saint-Maurice, a acquis des officiers municipaux de la commune de Paris la statue de la sainte Vierge, vénérée dans l'église collégiale de Saint-Etienne des Grès de la même ville, détruite au commencement de la révolution.

« C'est devant cette statue de la Vierge que saint François de Sales, faisant ses études au collége des Jésuites de Paris, allait souvent faire ses prières pour obtenir de Dieu, par l'entremise de Marie, le don de continence. Les souverains pontifes Grégoire XIII et Urbain VIII, d'heureuse mémoire, avaient accordé de grandes indulgences à la célèbre confrérie établie en cette église sous le nom de Notre-Dame de Bonne-Délivrance ; tous ces titres et bulles sont perdus, l'histoire seule en fait mention.

« Madame de Carignan Saint-Maurice, très-saint Père, désirerait placer cette statue, restaurée par ses soins, dans l'oratoire des religieuses hospitalières de Saint-Thomas de Villeneuve, ordre de saint Augustin, établies à Paris, rue de Sèvres. Où pourrait-elle être mieux placée qu'au milieu de celles qui sont les plus fidèles imitatrices des vertus de Marie, et qui en ont été protégées d'une manière si singulière ?

« Mais, très-saint Père, cette bonne œuvre manquerait son but essentiel si elle n'obtenait de Votre Sainteté le sceau de son approbation ; c'est dans cette vue religieuse, et afin de perpétuer à jamais le culte de Marie, que madame de Carignan Saint-Maurice vous supplie, très-saint Père, de vouloir bien accorder une indulgence plénière à toutes les personnes qui, aux conditions requises, entendront la messe et communieront dans la chapelle où sera exposée cette statue de la sainte Vierge, à toutes les fêtes solennelles consacrées au culte de Marie, et une indulgence de cent jours en faveur des fidèles qui, tous les samedis de l'année, visiteront cette chapelle et y réciteront la prière connue sous le nom de *Memorare*.

« Très-saint Père, en accueillant la prière de madame de Carignan Saint-Maurice, vous exaucerez le vœu le plus doux à son cœur, celui de propager, autant qu'il est en elle, le culte de Marie.

« Je suis, avec la vénération la plus profonde,

très-saint Père,

de Votre Sainteté,

la plus humble et la plus soumise de vos enfants,

« CARIGNAN SAINT-MAURICE.

« Ce 30 janvier 1805. »

Le cardinal Caprara approuva, au nom de Sa Sainteté, les pieuses dispositions de la comtesse de Saint-Maurice, et accorda par le rescrit suivant la plupart des indulgences qu'elle sollicitait pour le sanctuaire de Notre-Dame de Bonne-Délivrance.

« Le très-saint Père accorde l'indulgence plénière et la rémission de tous les péchés à tous les fidèles de l'un et l'autre sexe qui, vraiment contrits et s'étant confessés, communieront dans ledit oratoire (pourvu qu'il soit approuvé de l'ordinaire et qu'on y ait dressé un autel en l'honneur de la bienheureuse vierge Marie) les jours de la Conception, de la Nativité, de la Purification, de l'Annonciation et de l'Assomption de la sainte Vierge, et visiteront dévotement ladite chapelle, chaque année, les jours marqués ci-dessus, depuis les premières vêpres jusqu'au coucher du soleil, afin d'y prier pour la paix entre les princes chrétiens, l'extirpation des hérésies et l'exaltation de notre mère la sainte Eglise.

« Sa Sainteté accorde aussi sept années et autant de quarantaines aux fidèles qui rempliront les mêmes conditions aux autres fêtes de la mère de Dieu ; de plus, le souverain pontife, d'après l'usage de la sainte Eglise, les délivre de cent jours de pénitence, de quelque manière qu'elle leur ait été imposée, chaque fois qu'ils prieront Dieu dévotement devant ledit autel, le samedi de l'année.

« En outre, veut le très-saint Père, par grâce spéciale, que lesdites indulgences conservent à perpétuité la même valeur que si elles avaient été accordées par lettres apostoliques en forme de bref.

« J. B. Card. CAPRARA.

« Paris, le 12 février 1805. »

Telles furent les faveurs spirituelles dont le saint-siége enrichit le nouveau pèlerinage de Notre-Dame de Bonne-Délivrance.

Cependant la mère de Valois, malgré le désir qui l'animait d'élever à Marie un nouveau sanctuaire, n'avait pu se procurer les ressources suffisantes pour une telle entreprise. Après un nouveau délai d'un an, madame de Saint-Maurice se décida à remplir son engagement. Le 1er juillet 1806, veillé de la Visitation de la sainte Vierge, l'une des fêtes patronales de la congrégation de Saint-Thomas, fut le jour fixé pour la cérémonie si longtemps attendue. A quatre heures du soir, la statue miraculeuse de Marie fut transportée de l'hôtel Traversière au couvent de Saint-Thomas de Villeneuve, et madame de Saint-Maurice, avec une piété vraiment généreuse, mais non sans répandre des larmes que lui arrachait un sacrifice qui coûtait beaucoup à son cœur, fit solennellement la remise de son précieux dépôt aux religieuses pénétrées de reconnaissance, et qui répétaient en elles-mêmes ces paroles des anciens d'Israël : *Introduisez au milieu de nous l'arche de l'alliance du Seigneur et qu'elle s'y repose pour nous donner le salut et la paix* (1). Ensuite l'image bien-aimée fut portée dans la chapelle, pendant qu'on chantait les litanies de la sainte Vierge, et placée sur un autel préparé pour la recevoir, en attendant la construction d'un monument plus conforme aux vœux des religieuses et de la pieuse donatrice.

Là, Notre-Dame de Bonne-Délivrance devint l'objet d'un culte fervent, et le but de nombreux pèlerinages. De dévots fidèles accoururent à son oratoire pour solliciter les largesses de celle dont ils avaient entendu célébrer l'antique bienfaisance ; et les grâces signalées que plusieurs y reçurent firent renaître une dévotion jadis si féconde en merveilles.

Cette restauration inattendue fut un objet d'envie pour une paroisse voisine. Le curé de

(1) Premier livre des Rois, chap. 4.

Saint-Sulpice eût voulu acquérir la précieuse image pour en orner la magnifique chapelle de la Vierge qui est derrière le chœur de son église, et où on l'on voyait autrefois une statue en argent qui devint la proie de la révolution ; il fit à ce sujet des ouvertures qui ne furent point acceptées. D'autre part, les religieuses d'un monastère de la Visitation désiraient vivement posséder au milieu d'elles un objet qui leur rappelait un des traits les plus touchants de la vie de leur saint fondateur : elles proposèrent aux dames de Saint-Thomas de leur donner en argent le pesant de leur statue, ce qui eût produit une somme considérable, attendu qu'elle est en pierre ; mais les heureuses propriétaires ne purent jamais consentir à un échange qui les eût privées de ce qu'elles regardaient comme le plus précieux de tous les trésors.

La mère de Valois mourut le 23 janvier 1808 (1), sans avoir la consolation de réaliser

______

(1) La mère Walsh de Valois naquit à Saint-Malo en 1727, de parents aussi distingués par leur naissance que par leur piété. Dieu, qui l'appelait à la vie hospita-

les projets qu'elle avait formés pour la gloire de Marie. Mais elle légua son zèle et sa piété à la mère de Montgermont, qui lui succéda dans le gouvernement de la congrégation.

Cette digne supérieure s'appliqua, autant

lière, la prévint de bonne heure par un de ces attraits dominants qui déterminent une âme encore pure et lui laissent à peine la liberté de délibérer. Dès sa première jeunesse, elle se sentit éprise d'un amour si tendre pour Jésus-Christ, dans la personne des pauvres, qu'elle se levait avant le jour pour aller les servir dans les hôpitaux, et qu'elle eût voulu dès lors tout quitter pour consacrer sa vie à soulager leurs douleurs. Mais sa famille ne lui permit de suivre sa vocation qu'à l'âge de vingt et un ans, époque où elle entra chez les Hospitalières de Saint-Thomas de Villeneuve. Elle fit profession le 12 février 1751, et fut élue quelque temps après supérieure de l'hospice de sa ville natale, où elle passa trente ans dans la pratique des plus éminentes vertus. En 1784, l'opinion qu'on avait de son rare mérite la fit choisir pour remplacer la Mère de la Villeberno dans le gouvernement de sa congrégation : mais il fallut un ordre exprès des supérieurs pour lui faire accepter un emploi qui effrayait son humilité. La révolution de 1789 vint mettre à l'épreuve la force de son caractère et sa foi en la Providence. Elle fut jetée en prison avec beaucoup d'autres victimes ; mais elle échappa à l'échafaud ; et, après un an de captivité, elle qu'il était en son pouvoir, à favoriser la dévotion des fidèles de tout âge et de tout rang qui continuaient à visiter l'image de Notre-Dame de Bonne-Délivrance.

C'est à ses pieds que, quelques années plus tard, une princesse illustre par ses infortunes et par ses vertus vint se prosterner pour conjurer la protectrice de la France d'accorder à une race antique et à jamais glorieuse un rejeton digne d'elle ; et, après que ses vœux eurent été exaucés et qu'elle eut obtenu pour la mère et l'enfant une heureuse délivrance, c'est

fut rendue à la petite portion de son troupeau que la persécution avait épargnée. Son premier soin, dès que le calme commença à se rétablir, fut de réunir les brebis que la tempête avait dispersées. Semblable au bon pasteur, elle alla les chercher elle-même dans leur retraite, et eut la consolation de les ramener au bercail. C'est ainsi qu'elle a eu la gloire de rétablir un institut dont elle doit être regardée comme la seconde fondatrice. Dans les dernières années de sa vie, Dieu acheva de perfectionner sa vertu, en la faisant passer par le creuset de la souffrance. Enfin, comblée de mérites et de bonnes œuvres, elle mourut à l'âge de quatre-vingt-deux ans, après cinquante-neuf années consacrées au service des membres souffrants de Jésus-Christ.

4

sur son autel qu'elle fit déposer le don de sa munificence royale.

Pendant tout le temps de son administration, la mère de Montgermont ne perdit pas un seul instant de vue le projet d'élever à Marie un nouveau sanctuaire. Elle travailla près de vingt ans à réunir les fonds qu'exigeait cette grande et noble entreprise. Déjà elle touchait à l'accomplissement de ses vœux, lorsque la mort vint l'enlever douloureusement à sa congrégation, et lui ravir la jouissance qu'elle s'était promise.

La Providence réservait la gloire de cette fondation à la mère Céleste Sebire, qui fut élue supérieure générale le 2 janvier 1828. Dès qu'elle eut terminé la visite des maisons de son ordre, elle fit tracer le plan du nouveau sanctuaire par un architecte habile, M. Huvé, à qui elle en confia l'exécution.

Avant de démolir l'ancienne chapelle, on transporta la statue de Marie dans un oratoire préparé au milieu de la communauté, et pendant toute la durée des travaux il fut constamment fréquenté par de dévots pèlerins. Mgr. de Quelen, archevêque de Paris, vint lui-même y faire sa station, et comme on était sur le point de poser la première pierre du nouvel édifice, il fut invité à la bénir : il fixa lui-même cette cérémonie au 11 mai 1829, dans le mois consacré à honorer la sainte Vierge.

Tout fut disposé pour qu'elle se fît avec une pieuse solennité. Mgr. de Quelen vint, accompagné de Mgr. de Villèle, archevêque de Bourges, de M. Desjardin, vicaire général de Paris, tous deux amis de la congrégation, de M. le curé de l'Abbaye-aux-Bois, et de plusieurs autres ecclésiastiques. On commença par déposer sous la pierre l'écrit suivant :

L'an de Notre-Seigneur 1829,

d'après le désir de Madame Jeanne-Elisabeth

de Montgermont,

précédemment supérieure générale

de la congrégation de Saint-Thomas de Villeneuve,

la supérieure générale actuelle de la même congrégation,

Madame Céleste-Angélique-Julienne Sebire,

a élevé cette chapelle

en l'honneur de la bienheureuse vierge Marie,

sous le titre de *Bonne-Délivrance.*

C'est devant cette statue,

alors dans l'église Saint-Etienne des Grès,

qu'autrefois
saint François de Sales fit vœu de virginité,
et recouvra aussitôt la paix de l'âme
qu'il n'espérait déjà plus.
Plus tard, au milieu des excès de la persécution,
cette même statue, tirée des ruines de l'église
le 16 mai 1791,
par les soins d'une fidèle servante de Marie,
Madame de Carignan Saint-Maurice,
fut donnée par elle à la pieuse congrégation,
pour en être l'éternelle sauvegarde.
Hyacinthe, Louis de Quélen,
archevêque de Paris et pair de France,
a solennellement béni et placé
la première pierre de cette nouvelle chapelle
le 11 mai de l'an 1829.

Monseigneur ayant béni la pierre, M. Huvé lui présenta pour la sceller la truelle que son père, comme lui architecte du roi, avait offerte à Louis XVI, lors de la fondation de l'hôtel des monnaies. Ensuite le pieux archevêque se rendit à l'oratoire de Marie pour adresser quelques paroles d'édification à la communauté rassemblée. Là, avec sa grâce accoutumée et ce talent d'à-propos qui lui était si naturel, il laissa échapper du trésor de son âme quelques-unes de ces émanations heureuses qui charmaient tous ceux qui en étaient l'objet, et dont le souvenir se conservera toujours parmi les religieuses de Saint-Thomas.

Pendant la construction du monument, on songea à sa décoration intérieure. Plusieurs maisons de la congrégation se disputèrent l'honneur d'y contribuer, et de généreux fidèles déposèrent aussi leurs offrandes aux pieds de Notre-Dame de Bonne-Délivrance.

Mais la mère Sebire désirait surtout enrichir sa nouvelle chapelle des trésors spirituels de l'Eglise. Dans ce dessein, elle s'adressa au cardinal de La Fare, supérieur général de la congrégation, qui s'était rendu à Rome pour l'élection de Pie VIII, et lui fit remettre une supplique pour obtenir de Sa Sainteté, outre les indulgences accordées à l'ancienne chapelle :

1° Le rétablissement de la confrérie de Notre-Dame de Bonne-Délivrance ;

2° La confirmation de la confrérie de la Bonne-Mort ;

3° Une indulgence plénière à tous les fidèles qui, ayant rempli les conditions requises, com-

4.

munieront dans la chapelle chacun des jours suivants : le 29 janvier, fête de saint François de Sales ; le 2 juillet, fête de la Visitation ; le 18 juillet, fête de Notre-Dame de Bonne-Délivrance ; et le 21 octobre, fête de la Présentation de la sainte Vierge ;

4° Une indulgence plénière à toutes les religieuses de Saint-Thomas de Villeneuve, et aux dames pensionnaires du couvent qui communieront dans la chapelle le premier samedi de chaque mois ;

5° L'établissement du Chemin de la Croix ;

6° Un privilége à perpétuité au maître-autel pour toutes les messes de *requiem* (1).

Le souverain pontife Pie VIII accorda toutes ces faveurs, à l'exception du rétablissement de la confrérie de Notre-Dame de Bonne-Délivrance, qu'on ne put obtenir, parce qu'on possédait déjà celle de la *Bonne-Mort*. Ce fut au

---

(1) Ce privilége consiste en ce que tous les prêtres réguliers ou séculiers peuvent, chaque fois qu'ils célèbrent la sainte messe à cet autel pour les fidèles défunts, leur appliquer une indulgence plénière, pourvu qu'ils remplissent les conditions ordinaires prescrites pour les indulgences.

crédit du cardinal de La Fare que les religieuses de Saint-Thomas furent redevables de
ces richesses spirituelles. Elles attendaient encore beaucoup de ses lumières et de sa haute
protection, lorsque sa mort, qui arriva le 9 décembre 1829, peu de temps après son retour à
Paris, les priva d'un bienfaiteur et d'un ami
dont la mémoire leur sera toujours chère.

Mais la Providence compensa cette perte
par le choix heureux de son successeur. Les
suffrages de la congrégation se réunirent pour
élire, en qualité de supérieur général, Mgr. de
Quelen, qui daigna accepter cette fonction, le
16 mars 1830.

La chapelle dont il avait posé la première
pierre était presque entièrement construite. Il
se proposait d'en faire l'inauguration le 20 avril
suivant, jour fixé pour la translation des religieuses de Saint-Vincent de Paul, et la procession solennelle, s'arrêtant à Notre-Dame de
Bonne-Délivrance, aurait déposé quelques instants la châsse du serviteur de Dieu aux pieds
de la Reine du ciel. Mais les préparatifs ne
purent être terminés à temps. Marie fut cependant associée en quelque manière à l'au-

guste solennité dont la capitale fut témoin. Plus de trente mille médailles, frappées à cette occasion, des gravures sans nombre, répandues dans toute la France, instruisirent les fidèles du double objet de cette cérémonie et les invitèrent à louer Marie et son serviteur.

Peu de temps après, la Providence ménagea aux religieuses de Saint-Thomas un événement qui devait concourir d'une manière très-heureuse avec l'inauguration de leur chapelle et ajouter beaucoup au bonheur de cette journée. Au mois de juin 1830, la mère Sebire reçut une lettre anonyme conçue en ces termes :

« Madame,

« Au moment où votre nouvelle chapelle est sur le point d'être terminée, je crois faire une chose qui vous sera agréable, en vous donnant l'espérance de pouvoir y déposer les restes précieux du P. Ange Leproust, religieux augustin, instituteur de votre société. Son tombeau ayant échappé aux fureurs révolutionnaires, vous le trouverez sous la sixième arcade du cloître de l'ancien couvent des Petits-Augustins, connu maintenant sous le nom d'Ecole

des Beaux-Arts. On y lit cette inscription : « Le
« révérend P. Ange Leproust, religieux augus-
« tin, ex-provincial, instituteur des filles de
« Saint-Thomas de Villeneuve, dont la pro-
« fession est de servir les malades dans les hô-
« pitaux. Le révérend père mourut le 16 octo-
« bre 1697. » Le projet de démolir ce cloître est
une circonstance qui vous procurera plus facilement encore le moyen d'obtenir ce que sans
doute vous désirez. »

La lecture de cette lettre frappa vivement la
mère Sebire, d'autant plus qu'ayant compulsé
les archives de la congrégation, elle trouva une
lettre qui constatait dans les mêmes termes
que l'anonyme l'époque de la mort du P. Ange
et le lieu de son inhumation. Cette découverte
précieuse fut regardée par les religieuses de
Saint-Thomas comme une faveur éclatante du
ciel, et combla tous les cœurs de consolation et
de reconnaissance.

Mgr. de Quelen, informé de cet heureux
événement, fit aussitôt dresser une demande
au ministre, afin d'obtenir les restes du P. Ange
Leproust, dont il s'honorait, disait-il, d'être le
successeur; et il promit d'appuyer cette requête

de telle sorte que la translation du précieux corps pût avoir lieu le jour même de la bénédiction de la chapelle qu'il fixa au 5 août, fête de Notre-Dame des Neiges. En même temps il ordonna des prières ferventes dans toutes les maisons de la congrégation pour obtenir de Dieu qu'il daignât bénir ces pieux projets, et manifester publiquement, si c'était pour sa plus grande gloire, la sainteté de son serviteur. Mais le ciel réservait alors à la France de nouvelles calamités qui devaient convertir en amertume profonde les jours de fête et de sainte allégresse que se promettaient le pasteur et le troupeau.

En effet, tandis que tous les cœurs se livraient à l'espérance, la tempête politique de juillet 1830 vint soudainement renverser les projets des amis de Dieu, et refouler au fond des âmes tout élan religieux. Le vénérable archevêque de Paris fut proscrit, sa demeure mise au pillage, et le 5 août, jour fixé pour la bénédiction de la chapelle, il était réduit à errer d'asile en asile pour se soustraire à la fureur d'un peuple égaré.

Il fallut donc renoncer pour le moment à

l'espoir de recouvrer la dépouille vénérée du P. Ange Leproust. Ce ne fut que quatre ans plus tard qu'on put en opérer la translation et la déposer dans un caveau où elle repose au pied de la statue de Marie (1).

Quant à l'inauguration du nouveau sanctuaire, elle ne fut différée que de quelques jours, mais elle dut se faire sans cette pompe et cette solennité extérieure dont la piété eût désiré entourer la Reine des cieux. On se borna à une cérémonie privée. Auparavant on eut soin de constater, par un procès-verbal dressé selon les formes canoniques, l'identité de la statue de Marie avec celle de Saint-Etienne des Grès. Nous réunissons ici les dépositions qu'on reçut à ce sujet, tant avant qu'après l'inauguration.

« Nous soussigné, attestons et certifions :

« 1º Que la statue de la sainte Vierge qui était placée dans une chapelle, à gauche du maître-autel, dans l'église Saint-Etienne des Grès, était en pierre, assez grossièrement sculp-

(1) Voyez la notice sur le Père Ange Leproust, à la fin du volume.

tée, et que la tête, les mains et les pieds, tant de l'enfant Jésus que de sa sainte Mère, étaient peints en couleur noire ;

« 2° Que nous avons appris, tant par la voix publique que par le témoignage de madame de Saint-Maurice, avec qui nous avons eu l'honneur d'avoir de fréquents rapports, que cette respectable dame avait acheté de la commune de Paris ladite statue ;

« 3° Que nous avons été témoin du don qui en a été fait à la communauté des dames Saint-Thomas de Villeneuve, rue de Sèvres, et de la sainte allégresse qu'excita son érection dans l'ancienne chapelle de l'établissement, ainsi que du pieux concours des fidèles qui vinrent avec assiduité vénérer l'image de Marie.

« En foi de quoi nous avons délivré le présent certificat pour servir à constater l'identité de la statue.

« † Ph., évêque de Grenoble.

« Paris, le 21 mai 1830. »

« Je soussigné, déclare que j'ai vu, un peu avant la révolution, dans l'église Saint-Etienne des Grès, une statue de la sainte Vierge, dont la tête, les pieds et les mains étaient peints en couleur noire.

« Je déclare, en outre, que la statue qui se trouve maintenant chez les dames de Saint-Thomas, rue de Sèvres, me paraît être la même.

« BERTAUT, supérieur général du séminaire du Saint-Esprit et des missions coloniales.

« Paris, le 30 juin 1830. »

« Je soussigné, curé de la paroisse de Notre-Dame de Lorette, à Paris, et vicaire général de Dijon, certifié la même chose que M. Bertaut.

« LECLAIR, vicaire général.

« Paris, le 1ᵉʳ décembre 1830. »

« Je soussigné, Michel-Marie Barbier, ancien avocat au parlement de Paris, certifie que la sainte Vierge qui est présentement honorée dans l'église de Saint-Thomas de Villeneuve, rue de Sèvres, est la même que celle que j'ai eu le bonheur d'honorer dans ma jeunesse, dans l'église Saint-Etienne des Grès, sous le nom de *Bonne-Délivrance*, il y a plus de soixante ans. En foi de quoi j'ai signé le présent certificat, que je signerais de mon sang pour plus grande authenticité.

« BARBIER.

« Paris, 29 décembre 1830. »

L'identité de la statue étant constatée, on obtint de M. Boudot, vicaire général de Paris, des pouvoirs spéciaux pour procéder à la cérémonie si désirée. Enfin, le samedi 21 août 1830, en présence de la révérende mère Céleste Sébire, supérieure générale, de la mère de la Villebrune, son assistante, et de toutes les religieuses composant la communauté des hospitalières de Saint-Thomas de Villeneuve, le père Cellier, jésuite, assisté du père Nizard, bénit premièrement l'enceinte intérieure de la nouvelle chapelle, puis le maître-autel, sous le titre de *Notre-Dame de Bonne-Délivrance* ; l'autel collatéral à droite, sous le vocable du Sacré-Cœur de Jésus ; et l'autel collatéral à gauche, sous celui de Saint-Thomas de Villeneuve, patron et protecteur de la congrégation.

Ainsi, après trente-neuf ans d'exil, Notre-

Dame de Bonne-Délivrance rentra en possession d'un nouveau sanctuaire dans la capitale de la France, et offrit son cœur maternel comme un asile tutélaire aux nombreuses victimes de ses révolutions..

Cet élégant édifice a quatre-vingts pieds de longueur et quarante-deux de largeur. Le plafond de la nef est orné de compartiments avec caisses et rosaces. Au milieu du chœur s'élève un baldaquin avec fronton, soutenu par quatre colonnes, dont le soubassement supporte la statue de Marie. Ce monument est en stuc jaspé. L'autel, en marbre blanc avec des ornements en cuivre doré, est adossé au soubassement. Dans l'aile gauche, au-dessus des stalles des religieuses, on remarque un tableau représentant saint Thomas de Villeneuve qui distribue des aumônes aux pauvres. C'est un don de M. l'abbé Desjardins, vicaire général de Paris. Dans l'aile droite, on voit le tableau de la Visitation de la sainte Vierge, qui ornait l'autel de l'ancienne chapelle. Ce gracieux monument a obtenu les suffrages des hommes de goût pour l'harmonie et la noblesse de ses proportions.

Les saintes religieuses qui en sont les gar-

diennes, fières de posséder une statue renommée par l'antiquité de son culte, et devant laquelle saint François de Sales vint tant de fois
s'agenouiller, coulent d'heureux jours sous la
protection de Marie, leur mère et leur modèle.
Vouées au soulagement des infirmités humaines, elles viennent sans cesse, aux pieds de celle
que l'Eglise appelle le *Salut des infirmes*, solliciter les grâces nécessaires pour remplir avec
courage la carrière laborieuse et sublime qu'elles
ont embrassée, étudier le secret de guérir les
plaies de l'âme en même temps que celles du
corps, et puiser dans le cœur de la plus tendre
des mères cette charité compatissante, ce feu sacré de la miséricorde qui les porte à devenir les
servantes des pauvres et les mères de l'enfance
abandonnée ou souffrante. Attirées par la bonne
odeur de leurs vertus et par un attrait puissant
qui émane incessamment de l'image miraculeuse de Marie, des troupes de jeunes vierges
viennent de tous les points de la France s'ini-
tier aux travaux de la vie hospitalière à l'école
de la *Consolatrice des affligés*, et réaliser cette
parole de David, que saint François de Sales
appliquait à Marie lorsqu'il disait : « *Une mul-*

« *titude de vierges se prosterneront après elle ;*
« *ces compagnes de l'épouse seront conduites*
« *avec joie dans le palais du roi.* Car la virgi-
« nité de Notre-Dame a cette suréminence au-
« dessus des anges qu'elle est féconde, non-seu-
« lement en ce qu'elle a produit et porté ce
« doux fruit de vie, Notre-Seigneur, mais en-
« core en ce qu'elle engendre plusieurs vierges,
« et que c'est à son imitation que tant de filles
« vouent et consacrent à Dieu leur pureté. *Ad-*
« *ducentur regi virgines post eam. Afferentur*
« *in lætitia et exultatione... in templum regis.* »
(Ps. XLIV) (1).

O vous à qui la Providence a confié un dépôt si sacré ! vierges heureuses, qui possédez
dans vos foyers l'arche de la délivrance et du
salut ! regardez-la comme le plus précieux de
tous les héritages, comme une sauvegarde au
milieu de tous les dangers, comme le palladium
de votre belle institution. Que pourraient contre votre utile et sainte société les persécutions
des hommes ? Au milieu de vous s'élève une

____

(1) Œuvres de *saint François de Sales*, sermon pour
l'Annonciation.

tour de défense qui vous offre un refuge inaccessible aux fureurs mêmes de l'enfer.

Mais en vous faisant les dépositaires de ce trésor, le ciel vous a donné une grande et sainte mission, celle de détourner par vos supplications ardentes les calamités nouvelles que l'impiété s'efforce de déchaîner contre notre patrie. Conjurez la protectrice de la France de sauver du naufrage son peuple privilégié, et d'arrêter par un miracle de sa toute-puissance auprès de Dieu ce torrent d'iniquités qui menace de nous engloutir. La prière des cœurs purs doit monter jusqu'au ciel ; elle doit être entendue, elle doit être exaucée. Puisse le parfum de cet holocauste arriver jusqu'au trône de la libératrice des nations chrétiennes, et en faire descendre sur nous une rosée abondante de faveurs et de bénédictions divines.

Et nous, humble pèlerin de Notre-Dame de Bonne-Délivrance, initié aux pieuses traditions, aux touchants souvenirs qui se rattachent à son image miraculeuse, nous avons cru devoir les raconter à nos frères, afin que, gravés dans les cœurs fidèles, ils puissent échapper aux ravages du temps, qui entraîne tout dans l'abîme de l'oubli. Aujourd'hui, d'ailleurs, le culte de Marie renaît de toutes parts avec une force nouvelle. Au milieu de tant d'agitations et de scandales, à la vue des orages qui grondent sur nos têtes, chacun sent le besoin de se replacer sous la protection tutélaire de celle que l'Eglise a nommée à si juste titre le *Secours des chrétiens*. Les peuples, effrayés des tempêtes qui les ont fait dévier de la voie de la vérité, et ayant perdu de vue le port de salut, lèvent maintenant leurs mains suppliantes vers cette étoile de la mer dont le navigateur égaré n'implore jamais en vain la lumière. Un retour aussi universel est le gage de la plus légitime espérance, et Marie elle-même semble le seconder par des faveurs extraordinaires. Qui ne connaît, en effet, les merveilles accomplies en France à l'occasion de la médaille miraculeuse, et dans le monde entier, par l'archiconfrérie de Notre-Dame des Victoires ? Qui n'a pas ouï raconter ces guérisons de l'âme et du corps opérées en si grand nombre par l'intercession de la mère de Dieu ? Tant de prodiges annoncent assez son action miséricordieuse sur le monde. Aussi des écrits sont publiés de toutes parts pour proclamer ces merveilles et justifier par l'histoire des monuments de tous les âges ce développement immense de la confiance des chrétiens de nos jours pour Marie. Nous avons essayé d'y contribuer pour notre faible part en révélant aux âmes éprouvées par la souffrance et la tentation une source trop peu connue de ses faveurs et de ses consolations les plus intimes. C'est une modeste fleur qu'un fils, reconnaissant lui-même de bienfaits sans nombre, dépose aux pieds de sa mère bien-aimée, en la priant de l'accueillir avec un regard d'indulgence, de la féconder et de lui faire porter des fruits abondants et pleins d'une céleste suavité.

Le 2 février 1844, fête de la Purification de la sainte Vierge.

L'abbé D.

EXERCICES DE PIÉTÉ

A L'HONNEUR

DE NOTRE — DAME DE BONNE — DÉLIVRANCE.

5.

MÉDITATION

POUR LA FÊTE

DE NOTRE - DAME DE BONNE - DÉLIVRANCE.

(LE 18 JUILLET.)

—

PRÉLUDES.

Représentez-vous Marie promise au commencement des temps pour être la libératrice du monde, par ces paroles du Créateur au serpent : *Je mettrai une inimitié éternelle entre toi et la femme, et elle t'écrasera la tête* (1). .

Rappelez-vous les femmes fortes d'Israël, qui ont délivré leur nation ; elles figuraient la

(1) Genes., III, 15.

femme forte par excellence, qui nous a délivrés par Jésus-Christ de l'esclavage du démon et de la mort éternelle.

Considérez Marie opérant en réalité notre délivrance, lorsqu'elle donna son consentement à l'incarnation du Verbe, et la consommant sur le Calvaire, lorsqu'elle offrit son divin Fils pour le salut du genre humain.

I.

Marie, après avoir rempli sur la terre la grande mission que Dieu lui avait donnée pour notre délivrance, est entrée dans le séjour de la gloire. Là, elle achève de réaliser d'une manière éclatante le beau titre de libératrice du monde, en continuant ses victoires contre l'ennemi du genre humain, en détournant de l'Église tous les dangers qui la menacent.

Et d'abord Marie a délivré le monde des idoles innombrables sous la figure desquelles le démon se faisait adorer. Cet esprit de ténèbres, se rappelant la sentence qui le condamnait à être vaincu par une femme, et à voir son empire détruit par celui qui naîtrait d'elle, avait couvert la terre d'idoles, afin d'ensevelir cette femme victorieuse dans les ténèbres de l'idolâtrie, et de rendre impossible le mystère de l'Incarnation d'où dépendait la réparation de la nature humaine. C'est pourquoi sa haine attentive veillait pour surprendre et la mère et l'enfant à sa naissance; et c'est là l'objet de la vision de saint Jean dans l'Apocalypse : « Voilà « que le dragon dressa des embûches à la « femme qui devait enfanter, afin de dévorer « son fils au moment de sa naissance, et il vo- « mit un fleuve empoisonné pour le submer- « ger, et il déclara la guerre à tous ceux de sa « race (1). » Ce fleuve empoisonné signifie la multitude des fausses divinités, les honteuses superstitions, et les vices infâmes qui inondaient la terre à la naissance du christianisme, et qui se précipitèrent comme un torrent furieux pour engloutir tous ceux de la race royale du Christ. Lutte terrible qui a produit des persécutions si nombreuses et qui a coûté tant de sang à l'Église.

(1) Apoc., xii.

Or, Marie a triomphé de tous les efforts combinés de l'enfer. C'est elle qui a subjugué le prince de ce monde, qui a *écrasé la tête du serpent, et qui a précipité dans l'abîme ce dragon superbe qui séduisait toute la terre* (1). « Oui,
« dit saint Cyrille, c'est par vous, ô Marie, que
« les hommes plongés dans les ténèbres du pa-
« ganisme ont ouvert les yeux à la lumière de
« la vérité; c'est par vous qu'ils ont couru
« aux eaux du baptême pour se laver des souil-
« lures de l'idolâtrie; c'est vous qui avez ren-
« versé les temples des idoles, et, sur leurs dé-
« bris, élevé au vrai Dieu, par toute la terre,
« des églises triomphantes (2). »

II.

Le démon, ayant vu les superstitions du paganisme bannies de la terre par la puissance de Marie, a suscité les hérésies, afin de diviser et de déchirer l'Église qu'il n'avait pu détruire dans son berceau. L'enfer a donc vomi de son sein des légions de sectaires qui ont attaqué succes-

(1) Apoc., xii.
(2) Saint Cyrille, Homélie 6ᵉ contre Nestorius.

sivement tous les mystères du Fils de Dieu et de sa sainte mère, et qui ont rempli la chrétienté de troubles et de ravages.

Mais Marie, *plus terrible qu'une armée rangée en bataille*, a vaincu toutes les hérésies qui se sont succédé dans le passé, comme elle terrassera toutes celles du temps présent et à venir. Et c'est cette grande délivrance renouvelée dans tous les âges, que l'Église proclame par ce chant d'allégresse : Réjouissez-vous, ô Marie, car vous seule avez exterminé toutes les hérésies qui ont jamais paru sur la terre : *Gaude, virgo Maria, cunctas hæreses interemisti in universo mundo.*

Non content de dévaster l'Église par le moyen des hérésies, le démon a évoqué de l'abîme d'autres adversaires non moins redoutables. Des essaims d'infidèles sont accourus, conduits par un faux prophète, et, le glaive à la main, se sont débordés comme un torrent qui a rompu ses digues, pour envahir l'héritage de Jésus-Christ. C'en était fait de la chrétienté, et le démon triomphant allait planter son étendard sur les débris de la croix, lorsque Marie, touchée des prières de l'Église consternée, a suscité des armées de soldats fidèles et des légions de chevaliers croyants qui, par des victoires successives et toutes miraculeuses, ont refoulé la barbarie loin du centre de la catholicité, et détruit pour toujours la domination féroce quelle exerçait sur l'Europe chrétienne.

C'est en mémoire de cette éclatante délivrance que l'Eglise reconnaissante a institué la fête de *Notre-Dame des Victoires*, et ajouté aux titres déjà si glorieux de Marie celui de secours des chrétiens, *auxilium christianorum*.

Après tant de défaites opérées par la puissante protection de Marie, le prince des ténèbres résolut de tenter un effort désespéré contre l'Église. Il appela à son aide le démon de l'incrédulité, et lui ordonna de frapper la France d'une plaie profonde et sanglante. Aussitôt l'ange de Satan souffle sur cette terre infortunée l'esprit d'impiété et de licence, d'orgueil et de rébellion, et soudain, les autels sont brisés, les pierres du sanctuaire dispersées, les ministres du Christ mis à mort..... O Marie ! laisserez-vous périr sans défense votre nation privilégiée ! voyez l'affreuse tempête qui menace d'engloutir son antique foi, héritage de plusieurs siècles. Étoile de la mer, levez-vous du sein des nuages et calmez les flots irrités ! Et voilà que Marie accourt à la défense de ses enfants dont elle a entendu les cris ; et bientôt le démon de l'impiété est enchaîné par une puissance supérieure ; l'Église de France sort de la tourmente plus radieuse et plus pure ; et le prince des pasteurs, frappé lui-même avec son troupeau, mais rétabli miraculeusement sur le siége de Saint-Pierre, institue dans l'Église, en reconnaissance de cette mémorable délivrance, la fête de *Notre-Dame auxiliatrice*.

III.

Mais si Marie est la libératrice de l'Église et des nations chrétiennes, elle l'est aussi de chaque fidèle en particulier. Elle l'est surtout des pécheurs qui gémissent dans l'esclavage du démon. Qui pourrait énumérer les victimes qu'elle a arrachées à la cruelle domination de ce tyran des âmes, et dont elle a brisé les chaînes, les brebis égarées qu'elle a ramenées au bercail, et recueillies dans son sein maternel ouvert à tous ceux qui ont encouru la disgrâce de Dieu ? Semblable à ces temples de l'antiquité qui servaient d'asile aux coupables et les protégeaient contre les poursuites de la justice, le cœur de Marie est pour les pécheurs un lieu de refuge tutélaire, un asile inviolable où ils sont à l'abri des coups de la justice divine. Voilà pourquoi l'Église donne à Marie le titre de *Refuge des pécheurs*. Voilà pourquoi saint Ephrem l'appelle *un port assuré dans les naufrages ;* saint Augustin, *l'Unique espoir des pécheurs ;* saint Jean Damascène, *l'Espoir de ceux qui n'en ont plus*, et saint Bernard, *l'Echelle des pécheurs*, parce que c'est par elle qu'ils remontent à Dieu.

Mais que dire de la providence de Marie par rapport aux maux temporels des peuples ? Pour célébrer tous les traits de délivrance opérés en ce genre par la puissance de son intercession, il faudrait écrire les annales de chaque nation et même de chaque cité ; il faudrait raconter l'histoire des affligés, des pauvres, des orphelins, des captifs, des opprimés, des malades, des agonisants, de tous les infortunés qu'elle a sauvés de la détresse et délivrés de la tribulation ; il faudrait nommer tous les sanctuaires consacrés sous son nom dans les différentes contrées de la terre ; citer ces fêtes si nombreuses instituées à son honneur, où elle est invoquée sous tant de dénominations touchantes, et qui sont des témoignages solennels de la reconnaissance des peuples qu'elle a délivrés tant de fois de la contagion, de la famine, des incendies, des inondations, des fureurs de la guerre, ou d'autres fléaux qui désolaient l'humanité.

Oui, du haut des cieux, ô Marie ! vous étendez votre manteau royal sur tous ceux qui vous invoquent ; vous apercevez dans la vallée des larmes, et sur la terre d'exil que vous-même avez habitée, vos innombrables enfants aux prises avec la douleur ; vous les voyez lutter contre les périls et les nécessités infimes de la condition humaine ; vous entendez leurs soupirs et leurs gémissements, et vos entrailles de mère en sont émues, et vous accourez à leur secours, et vous opérez en leur faveur des miracles de délivrance. C'est pourquoi l'Eglise vous adresse si souvent cette touchante prière, que nos cœurs répètent en ce moment :

Nous nous réfugions sous votre puissante protection, ô sainte mère de Dieu, ne mépri-

sez pas les cris que nous font pousser les besoins et les maux qui nous pressent, mais *délivrez-nous* des périls continuels qui nous environnent, ô Vierge remplie de gloire et de bénédiction! Ainsi soit-il.

MESSE

POUR LA FÊTE

DE NOTRE - DAME DE BONNE - DÉLIVRANCE.

INTROÏT.

Le Seigneur vous a bénie de sa main toute-puissante ; car il s'est servi de vous pour anéantir nos ennemis.

Ps. Dieu est notre refuge et notre soutien, c'est lui qui nous a secourus dans les tribulations extrêmes qui sont venues fondre sur nous. Gloire au Père, etc. Le Seigneur, etc.

Benedixit te Dominus in virtute sua, quia per te ad nihilum redegit inimicos nostros.(Judith, xiii.)

Ps. Deus noster, refugium et virtus : * adjutor in tribulationibus quæ invenerunt nos nimis. Gloria. Benedixit. (Ps. xlv.)

ORAISON.

Nous vous en supplions, ô Dieu tout-puissant! par la pieuse intercession de la très-sainte vierge Marie, d'accorder à tous les fidèles qui se réfugient sous sa protection, la délivrance des maux qui les affligent en ce monde, et de les rendre dignes des joies éternelles dans l'autre. Par Notre-Seigneur.

OREMUS.

Concede, quæsumus, omnipotens Deus, ut fideles tui, qui sub sanctissimæ virginis Mariæ patrocinio congregantur ; ejus pia intercessione, a cunctis malis liberentur in terris, et ad gaudia æterna pervenire mereantur in cœlis. Per Dominum.

LECTIO LIBRI JUDITH.
(Cap. XIII.)

Benedcta es tu, filia, a Domino Deo excelso, præ omnibus mulieribus super terram. Benedictus Dominus, qui creavit cœlum et terram, qui te direxit in vulnera capitis principis inimicorum nostrorum : quia hodie nomen tuum ita magnificavit, ut non recedat laus tua de ore hominum, qui memores fuerint virtutis Domini in æternum.

LEÇON DU LIVRE DE JUDITH.

Vous êtes bénie du Seigneur Dieu très-haut, plus que toutes les femmes de l'univers. Béni soit le Dieu créateur du ciel et de la terre, qui a conduit votre main pour frapper la tête du prince de nos ennemis : car il a rendu aujourd'hui votre nom si célèbre, que les hommes ne cesseront jamais de vous louer, et de proclamer éternellement la toute-puissance du Seigneur.

GRADUALE.

Ecce draco stetit ante mulierem quæ erat paritura filium : et projectus est draco ille magnus, serpens antiquus, qui seducit universum orbem. (Apoc., XII). ℣. Dominus omnipotens tradidit illum in manus feminæ et confodit eum. (Judith, XVI.) Alleluia, alleluia. Per manum feminæ percussit illum Dominus Deus noster. (Judith, XIII.) Alleluia.

GRADUEL.

Voilà que le dragon s'arrêta devant la femme qui devait enfanter : et il fut précipité dans l'abîme, ce dragon superbe, cet antique serpent, qui séduit tout l'univers. ℣. Le Seigneur tout-puissant l'a livré entre les mains d'une femme, et c'est par elle qu'il l'a exterminé. Alleluia, alleluia. ℣. Le Seigneur notre Dieu l'a frappé par la main d'une femme. Alleluia.

SEQUENTIA.

Ave Virgo virginum,
Spes salutis hominum,
Mater alma gratiæ.

Ave sidus rutilum,
Laus et decus ordinum
Cœlestis militiæ.

PROSE.

Je vous salue, Vierge des vierges, espoir du salut de l'homme, mère bienfaisante de la grâce.

Je vous salue, étoile brillante, la louange et la gloire des hiérarchies célestes.

Consolatrice incomparable, soyez notre soutien, visitez-nous au milieu des combats de la vie.

Dirigez-nous, excitez-nous, enflammez - nous, arrachez-nous à l'abîme de nos misères.

Je vous salue, tige de Jessé, rose naissante du printemps que rien n'a pu flétrir.

Délivrez des chaînes du péché, par vos supplications puissantes, vos enfants qui vous implorent.

Vierge pleine de grâce, remplissez le fond de nos cœurs d'une céleste suavité.

O lumière bienheureuse ! reflet du soleil de la gloire, soyez notre flambeau.

Puissions-nous, à la droite de votre Fils et dans la société des bienheureux, jouir de la réalité après avoir vécu dans l'espérance.

O Vierge, mère de la grâce, renommée par votre clémence, ayez pitié des misérables humains. Ainsi soit-il.

Consolatrix inclyta,
Opem fer, et visita
Certantes in acie.

Nos rege, nos incita,
Nos fove, nos excita
De lacu miseriæ.

Ave Jesse virgula,
Rosa veris primula,
Tota sine carie.

Peccatorum vincula
Solve, prece sedula,
Præsentis familiæ.

Plena Virgo gratia,
Reple cordis intima
Cœlesti temperie.

O lux beatissima,
Esto nobis lucida,
Fulgens sole gloriæ.

Qui nos jungat superis,
Dans nobis in dexteris,
Post spem frui specie.

Tu benigna diceris,
Miserere miseris,
Virgo, mater gratiæ.
Amen.

SUITE DU SAINT ÉVANGILE SELON SAINT MATTHIEU.

SEQUENTIA SANCTI EVANGELII SECUNDUM MATTHÆUM.
(Cap. 1.)

En ce temps-là, l'ange du Seigneur dit à Joseph : Marie enfantera un fils à qui vous

In illo tempore, angelus Domini dixit Joseph : Pariet Maria filium ; et vocabis nomen ejus Jesum : ipse enim salvum faciet populum suum a peccatis eorum. Hoc autem totum factum est, ut adimpleretur quod dictum est a Domino, per prophetam dicentem : Ecce virgo in utero habebit et pariet filium, et vocabunt nomen ejus Emmanuel, quod est interpretatum nobiscum Deus.

donnerez le nom de Jésus, parce que ce sera lui qui sauvera son peuple en le délivrant de ses péchés. Or tout ceci s'est fait pour accomplir ce que le Seigneur avait dit par le prophète, en ces termes : Voilà qu'une vierge concevra, et elle enfantera un fils à qui vous donnerez le nom d'Emmanuel, c'est-à-dire Dieu avec nous.

OFFERTORIUM.

Inimicitias ponam inter te et mulierem : ipsa conteret caput tuum. Gen., III.

OFFERTOIRE.

Je mettrai une inimitié éternelle entre toi et la femme : elle te brisera la tête.

SECRETA.

Grata sint tibi, Domine, munera quæ in honore beatæ Mariæ virginis altari tuo imponimus : et quos totum habere voluisti per Mariam; nos, ipsa intercedente, donis tuis ditare non cesses. Per Dominum.

SECRÈTE.

Agréez, Seigneur, les dons que nous offrons à votre autel, à l'honneur de la bienheureuse vierge Marie, afin que par l'intercession de celle que vous avez établie pour être le canal de toutes les grâces, vous ne cessiez de nous enrichir de vos célestes trésors. Par Notre-Seigneur.

PRÆFATIO DE BEATA VIRGINE

PRÉFACE DE LA SAINTE VIERGE.

COMMUNIO.

Laudate Dominum Deum nostrum qui in ancilla sua adimplevit misericordiam suam quam promisit domui Israel : et interfecit in manu mea hostem populi sui. (Judith, XIII.)

COMMUNION.

Louez le Seigneur notre Dieu, qui a accompli par sa servante la miséricorde qu'il avait promise à la maison d'Israël, et qui a exterminé par ma main l'ennemi de son peuple.

POSTCOMMUNION.

Nous vous rendons grâce de tous vos bienfaits, ô vous, Seigneur ! qui nous régénérez par la chair précieuse de votre divin Fils, et qui nous soutenez par la puissante intercession de sa très-sainte mère. Par le même J.-C.

POSTCOMMUNIO.

Gratias tibi, Domine, pro collatis referimus beneficiis; qui nos et Unigeniti tui pretiosa carne recreas, et potenti matris ejus intercessione sustentas. Per eumdem.

LITANIES

DE NOTRE-DAME DE BONNE-DÉLIVRANCE.

Seigneur, ayez pitié de nous.

Christ, ayez pitié de nous.

Seigneur, ayez pitié de nous.

Christ, écoutez-nous.

Christ, exaucez-nous.

Dieu le Père céleste, ayez pitié de nous.

Dieu le Fils, Rédempteur du monde, ayez pitié de nous.

Dieu le Saint-Esprit, ayez pitié de nous.

Trinité sainte, qui êtes un seul Dieu, ayez pitié de nous.

Notre-Dame de Bonne-Délivrance, priez pour nous.

Sainte Marie, promise au commencement des temps pour être la libératrice du monde, priez pour nous.

Sainte Marie annoncée par les prophètes, comme la

femme forte qui devait délivrer son peuple, priez pour nous.

Sainte Marie, figurée par Judith et par Esther, libératrices d'Israël, priez pour nous.

Sainte Marie, qui avez opéré notre délivrance en consentant à l'incarnation du Verbe, priez pour nous.

Sainte Marie, qui avez consommé notre délivrance en livrant votre Fils à la mort pour le salut du monde, priez pour nous.

Sainte Marie, qui nous avez délivrés de l'esclavage du démon en lui brisant la tête, priez pour nous.

Sainte Marie, dont la parole a délivré Jean-Baptiste de la tache originelle, priez pour nous.

Sainte Marie, qui avez délivré Zacharie de la punition de l'ange, priez pour nous.

Sainte Marie, qui avez procuré à Elisabeth une heureuse délivrance, priez pour nous.

Sainte Marie, qui avez délivré l'enfant Jésus de la fureur d'Hérode, priez pour nous.

Sainte Marie, qui avez délivré la terre des idoles du paganisme, priez pour nous.

Sainte Marie, qui avez délivré l'Eglise de toutes les hérésies, priez pour nous.

Sainte Marie, qui avez délivré la chrétienté du joug des infidèles, priez pour nous.

Sainte Marie, qui avez délivré la France du schisme et de la persécution, priez pour nous.

Sainte Marie, libératrice des pécheurs dont vous êtes le refuge, priez pour nous.

Sainte Marie, libératrice et salut des infirmes, priez pour nous.

Sainte Marie, libératrice de l'orphelin dans l'abandon, priez pour nous.

Sainte Marie, libératrice du voyageur en péril, priez pour nous.

Sainte Marie, libératrice du prisonnier dans les chaînes, priez pour nous.

Sainte Marie, étoile de la délivrance pour le matelot dans la détresse, priez pour nous.

Sainte Marie, port de la délivrance pour le mourant qui vous invoque, priez pour nous.

Sainte Marie, qui avez délivré saint François de Sales des angoisses de la tentation, priez pour nous.

De la colère divine, sainte Marie, délivrez-nous.

Des fléaux du ciel, sainte Marie, délivrez-nous.

Des maladies contagieuses, sainte Marie, délivrez-nous.

Des ravages de l'impiété, sainte Marie, délivrez-nous.

Des progrès de l'hérésie, sainte Marie, délivrez-nous.

Des angoisses de l'âme et du corps, sainte Marie, délivrez-nous.

Des ténèbres et des illusions de l'esprit, sainte Marie, délivrez-nous.

De l'endurcissement du cœur, sainte Marie, délivrez-nous.

De la tiédeur dans le service de Dieu, sainte Marie, délivrez-nous.

De la communion indigne, sainte Marie, délivrez-nous.

De la rébellion des seus, sainte Marie, délivrez-nous.

Des tentations contre la foi, sainte Marie, délivrez-nous.

Des tentations de désespoir, sainte Marie, délivrez-nous.

Des embûches du démon à l'heure de la mort, sainte Marie, délivrez-nous.

De la damnation éternelle, sainte Marie, délivrez-nous.

Des flammes du purgatoire, sainte Marie, délivrez-nous.

Agneau de Dieu, qui effacez les péchés du monde, pardonnez-nous, Seigneur.

Agneau de Dieu, qui effacez les péchés du monde, exaucez-nous, Seigneur.

Agneau de Dieu, qui effacez les péchés du monde, ayez pitié de nous, Seigneur.

Christ, écoutez-nous. Christ, exaucez-nous.

ỳ. Priez pour nous, Notre-Dame de Bonne-Délivrance.

℟. Afin que nous soyons affranchis de toutes nos tribulations.

ORAISON.

Nous vous supplions, ô Dieu tout-puissant, par la pieuse intercession de la très-sainte vierge Marie, d'accorder à tous les fidèles qui se réfugient sous sa protec-

tion maternelle, la délivrance des maux qui les affligent
en ce monde, et de les rendre dignes des joies éternelles dans l'autre. Ainsi soit-il.

PRIÈRE A NOTRE-DAME DE BONNE-DÉLIVRANCE.

O très-sainte vierge Marie, mère de Dieu, à
qui votre ineffable tendresse pour les hommes
a fait donner des titres si touchants, j'ai recours
à vous sous celui de *Notre-Dame de Bonne-
Délivrance* que vous avez rendu célèbre par
tant de faveurs surnaturelles, et je vous supplie de m'obtenir de votre cher Fils, Notre-Seigneur Jésus-Christ, la guérison de mes maladies spirituelles et corporelles, et la délivrance
de mes cruelles épreuves, si cela convient à sa
plus grande gloire et à mon salut éternel. O
vous qui êtes la *consolatrice des affligés* et le
salut des infirmes, daignez compatir à mon af-
fliction et me secourir dans mon extrême nécessité! Montrez aujourd'hui en ma faveur le
pouvoir que vous avez auprès de Dieu, afin

que je puisse le publier pour l'honneur de votre nom et la gloire de votre cœur maternel. Ah ! qui pourrait raconter tous les bienfaits émanés de cette source de miséricorde ? Grâces de conversion accordées aux pécheurs les plus endurcis, guérisons miraculeuses opérées en faveur des malades les plus désespérés, largesses de tout genre répandues sur les infortunés qui ont tourné vers vous leurs mains suppliantes, non, jamais on a ouï dire que vous ayez repoussé la prière de ceux qui vous ont invoquée avec humilité et confiance. J'espère donc, ô *libératrice* des hommes, que vous m'accorderez la grâce que je vous demande avec tant d'instance, et que vous me délivrerez surtout de la servitude de mes passions qui, comme des chaînes pesantes, me tiennent attaché à la terre : faites-moi triompher de tous les obstacles qui m'empêchent de marcher à grands pas dans le chemin du salut, et, au moment de ma mort, venez vous-même au-devant de mon âme pour la dégager des liens du corps, et pour la conduire dans la région des joies éternelles. Ainsi soit-il.

PRIÈRE DE SAINT FRANÇOIS DE SALES A NOTRE-DAME DE BONNE-DÉLIVRANCE, PAR LAQUELLE IL FUT DÉLIVRÉ D'UNE AFFREUSE TENTATION DE DÉSESPOIR.

Souvenez-vous, ô très-pieuse et très-miséricordieuse vierge Marie, qu'on n'a jamais ouï dire que nul de ceux qui se sont adressés à vous, qui ont imploré votre secours et votre assistance auprès de votre Fils ait été délaissé : rempli de cette confiance, je viens à vous, Vierge des vierges ; pécheur désolé, je me prosterne à vos pieds ; ne méprisez pas mes prières, ô mère du Verbe incarné ! mais daignez les écouter favorablement et les exaucer. Ainsi soit-il.

Par un rescrit du 12 février 1805, cent jours d'indulgence sont accordés aux fidèles qui réciteront cette prière, tous les samedis de l'année, devant l'autel de Notre-Dame de Bonne-Délivrance.

—————

AUTRE PRIÈRE DE SAINT FRANÇOIS DE SALES.

Je vous salue, très-douce vierge Marie, mère de Dieu, et vous choisis pour ma très-chère mère ; je vous supplie de m'accepter pour votre fils et pour votre serviteur ; je ne veux plus avoir d'autre mère et maîtresse que vous. Daignez donc, très-douce et chère mère, me gouverner désormais, et me défendre dans toutes mes actions ; car, hélas ! je suis un pauvre nécessiteux qui ai besoin de votre sainte aide et protection. Eh bien, donc, très-sainte Vierge, de grâce, faites-moi participant de vos biens et de vos vertus, principalement de votre sainte humilité, de votre excellente pureté et fervente charité ; mais accordez-moi surtout ce qui m'est le plus nécessaire pour opérer mon salut. Ne me dites pas, gracieuse Vierge, que vous ne pouvez pas ; car votre bien-aimé Fils vous a donné toute puissance tant au ciel que sur la terre ; vous n'alléguerez pas non plus que vous ne devez pas ; car vous êtes la mère commune de tous les pauvres enfants d'Adam, et singulièrement la mienne. Puis donc, très-douce Vierge, que vous êtes ma mère et que vous êtes très-puissante, qu'est-ce qui pourrait vous excuser si vous ne me prêtiez assistance. Soyez donc exaltée sous les cieux, et par votre intercession faites-moi présent de tous les biens et de toutes les grâces qui plaisent à la très-sainte Trinité,

Père, Fils et Saint-Esprit, l'objet de tout mon amour pour le temps présent et pour l'éternité. Ainsi soit-il.

AUTRE PRIÈRE DU MÊME SAINT.

O très-sainte et très-heureuse dame qui êtes au plus haut du paradis de félicité, hélas ! ayez pitié de nous qui sommes au désert de misère : vous estes en l'abondance des délices et nous sommes en l'abysme des désolations ; obtenez-nous la force de bien porter toutes nos afflictions, et que nous soyons toujours appuyés sur votre bien-âymé, seul soutien de nos espérances, seule récompense de nos travaux, seul remède de nos maux. Vierge glorieuse ! priez pour l'Eglise de votre Fils, assistez de vos faveurs tous les supérieurs, notre saint père le pape, les évesques et les prélats, et particulièrement celui de vostre ville de Paris. Vous estes l'estoile de la mer, soyez donc favorable au navire de Paris, afin qu'il puisse surgir au sainct hâvre de gloire pour y louer le Père, le Fils et le Sainct-Esprit dans les siècles des siècles. Ainsi soit-il.

PRIÈRE A NOTRE-DAME DE BONNE DÉLIVRANCE POUR LA CONSERVATION DE LA FOI EN FRANCE.

O Marie, tendre refuge des pécheurs, et libératrice des nations chrétiennes, voyez les maux qui déchirent notre malheureuse patrie. L'irréligion et la dépravation des mœurs sont portées à leur comble, la foi et la charité s'affaiblissent au point de faire appréhender l'entière destruction de notre sainte religion. Vivement pénétrés de cette crainte, nous voici prosternés aux pieds de votre image tutélaire, pour y déposer les affections de nos âmes affligées. Nous vous appelons à notre secours, auguste protectrice et mère de tous les Français ; nous vous supplions par votre crédit, auprès du cœur adorable de votre Fils, de nous obtenir la conservation du précieux trésor de la foi catholique, apostolique et romaine, ce don incomparable sans lequel notre raison n'est que ténèbres. Ah ! ne permettez pas que votre héritage tombe dans l'opprobre et devienne la proie des ennemis qui ont conjuré sa ruine. L'orage gronde sur nos têtes, ô étoile de la mer, calmez les flots soulevés des passions humaines, et opposez une digue puissante au torrent de l'impiété qui menace de tout engloutir. Nous vous en conjurons, renversez les noirs complots de l'enfer, afin que l'univers connaisse que vous êtes la reine de cette antique monarchie qui vous doit tant de siècles de gloire : conservez-la dans son unité, calmez toutes les agitations qui l'ébranlent, rendez-lui la concorde et la paix exilées depuis si longtemps de son sein déchiré, afin qu'elle puisse marcher vers le but que la divine Providence lui a marqué pour l'enseignement des autres nations, pour la prospérité de l'Eglise, et pour le bonheur de ses propres enfants. Ainsi soit-il.

ACTE DE FILIATION

PAR LEQUEL ON PREND LA SAINTE VIERGE
POUR MÈRE.

*On commence par adresser à Jésus-Christ la
prière suivante :*

Mon Seigneur Jésus-Christ, vrai Dieu et
vrai homme, Fils unique de Dieu et de la
sainte Vierge, je vous conjure par tout ce que
vous avez enduré pour mon salut, et en vue
de la part que votre sainte mère y a prise, de
vouloir renouveler en ma faveur ce testament
mystérieux que vous fîtes sur l'arbre de la
croix, lorsque vous donnâtes à saint Jean la
qualité de Fils de Marie, et de dire encore une
fois pour moi à votre aimable mère : *Femme,
voilà votre fils;* je vous supplie de me donner
entièrement à elle sous cette qualité, et de me
faire la grâce de lui appartenir absolument
comme son fils, de la manière la plus parfaite, et de l'avoir éternellement pour mère.
Et vous, Vierge sainte, mère de grâce et de

miséricorde, au nom et pour l'amour de votre adorable fils, et par le souvenir de tout ce qui se passa sur le Calvaire, daignez agréer mon offrande et ratifier dans le ciel l'acte suivant par lequel je me consacre à vous pour toujours :

Au nom du Père, du Fils, et du Saint-Esprit. Ainsi soit-il.

Très - sainte Vierge, mère de mon Dieu, ma toute - puissante avocate et unique espérance après votre adorable Fils : moi, N., pauvre pécheur, et le plus indigne de vos serviteurs ; humblement prosterné aux pieds de votre image miraculeuse, fortifié par le souvenir de ces mystérieuses paroles que Jésus mourant vous adressa du haut de sa croix, pour vous déclarer mère des fidèles, en la personne de saint Jean : *Femme, voilà votre fils;* animé d'un désir ardent de vivre à jamais sous les lois de votre dépendance, et me confiant en votre ineffable tendresse, je vous supplie de me recevoir au nombre de vos enfants bien-aimés, de me prendre en cette qualité sous votre protection, et de me servir de mère durant cette vie et pendant toute l'éternité. C'est en présence de la très-sainte Trinité et de toute la cour céleste, que je vous choisis aujourd'hui pour ma mère, et que j'ose me déclarer votre fils, qualité glorieuse dont je me sens bien indigne, mais qui m'est plus chère que la vie. Pour mieux satisfaire le désir que Dieu m'inspire de vous appartenir plus étroitement, et pour me rendre par votre entremise plus agréable à sa divine majesté, je vous fais, autant qu'il m'est possible, une donation entière, souveraine et parfaite de mon âme, de mon corps, de toutes les pensées, paroles et actions de ma vie, en un mot de tout ce qui est en mon pouvoir et en ma dépendance ; et je vous en déclare la maîtresse absolue en vertu de cet acte que je prétends devoir être irrévocable. Je vous supplie, très-glorieuse Vierge, par cet amour incompréhensible qui est entre Jésus et vous, et par toute la tendresse que le souvenir de sa passion vous donne pour les pauvres pécheurs, d'accueillir mon offrande, d'agréer la confiance avec laquelle je me jette entre vos bras, de m'accorder la grâce de votre protection maternelle tous les jours de ma vie, et particulièrement à l'heure de ma mort, enfin, de faire qu'en tout et partout la volonté de Dieu et la vôtre s'accomplissent parfaitement en moi. Ainsi soit-il.

NOTA. Il sera bon de célébrer cette filiation chaque année, le vendredi qui précède immédiatement la semaine sainte, lequel est particulièrement consacré à la mémoire des douleurs de la mère de Dieu, et de communier ce jour-là.

BIBLE

MANUEL

DE LA CONFRÉRIE DE LA BONNE-MORT.

L'Eglise, qui ne cesse de porter ses enfants à
la dévotion envers la sainte Vierge pendant leur
vie, leur recommande surtout de recourir à elle
au moment décisif de la mort, afin d'obtenir,
par sa toute-puissante médiation auprès de
Dieu, la dernière et la plus précieuse de toutes
les faveurs, celle de mourir dans sa grâce et
dans son amour. C'est pourquoi elle leur fait

si souvent répéter cette touchante prière qu'elle a ajoutée à la salutation angélique : *Sainte Marie, mère de Dieu, priez pour nous, pauvres pécheurs, maintenant et à l'heure de notre mort.* Et ces autres invocations répandues dans ses hymnes et dans ses cantiques : *O Marie, mère de grâce et de miséricorde, protégez-nous contre l'ennemi de notre salut, et recevez-nous dans vos bras à l'heure de la mort* (1). *Aidez-nous à franchir le passage qui conduit à la vision bienheureuse et éternelle de Jésus* (2). *Et faites qu'à la sortie de sa prison mortelle, notre âme entre en possession de la gloire du paradis* (3).

Or, un illustre serviteur de Marie nous ap-

(1)   Maria, mater gratiæ,
Mater misericordiæ,
Tu nos ab hoste protege,
Et hora mortis suscipe.

(*Office de la sainte Vierge.*)

(2)   Iter para tutum,
Ut videntes Jesum
Semper collætemur.

(*Ibid.*)

(3)   Quando corpus morietur,
Fac ut animæ donetur
Paradisi gloria.

(*Prose Stabat mater.*)

prend pourquoi l'Eglise s'efforce de nous inspirer une si vive confiance en la très-sainte Vierge au moment critique de la mort ; c'est que le jour où elle assista, à sa dernière heure, son Fils, le chef des prédestinés, elle obtint d'assister pareillement tous les prédestinés dans le terrible passage du temps à l'éternité. A cet instant suprême, elle devint, par un choix spécial, la patronne des agonisants, l'étoile de la *délivrance* et de la bonne mort du chrétien.

Marie, dit saint Liguori, est la *Vierge fidèle* qu'on peut comparer à cet ami véritable et éprouvé dont parlent les Proverbes (1) qui réserve sa tendresse la plus vive et son dévouement le plus généreux pour le temps de la tribulation ; bien différente de ces faux amis du monde qui ne nous restent fidèles que pendant la bonne fortune et lorsque nous n'avons pas besoin d'eux, mais qui s'éloignent avec empressement dès que le vent de l'adversité commence à souffler (2) !

Or, quel est, pour le chrétien, l'heure des plus grandes épreuves et des plus redoutables

(1) Prov., xvii.
(2) Saint Liguori, paraphrase du *Salve Regina.*

7.

périls, si ce n'est celle de la mort ? C'est alors que le tentateur accourt pour faire sa proie d'un enfant de Dieu. Il redouble de fureur, dit la sainte Ecriture, parce qu'il sait que les coups qu'il a à porter sont les derniers : *Descendit diabolus ad vos habens iram magnam, sciens quod modicum tempus habeat.* (Apoc., xii.) Mais dès que le serviteur de Marie invoque sa mère, elle s'empresse de venir à son secours pour le défendre contre les puissances des ténèbres. Le seul nom de *Marie*, prononcé avec confiance et amour, les met en fuite et les fait rentrer honteusement dans l'abîme, et l'âme du moribond, sortie victorieuse du combat, est portée par les anges au tribunal de la clémence divine. Car saint Bonaventure nous assure que Marie envoie les esprits qui sont à ses ordres, et spécialement l'archange saint Michel, au-devant de ses serviteurs agonisants, afin que, escortés par cette milice céleste, ils soient introduits dans le royaume des cieux, dont elle est tout à la fois et la porte et la reine (1).

L'Église donne, en effet, à Marie dans ses cantiques le titre de Porte du ciel, *Janua cœli.*

____

(1) Saint Bonav., *Speculum B. Mariæ*, cap. 5.

Je vous salue s'écrie-t-elle, porte fortunée du ciel : *Ave, felix cœli porta !* Quelle dénomination plus capable de faire naître l'espérance dans tous les cœurs ? Non, ce n'est pas un chérubin redoutable qui veille à l'entrée d'un nouvel Éden, comme à celle de l'ancien d'où nos premiers ancêtres furent exilés en punition de leur révolte ; c'est une mère tendre qui, loin de nous repousser avec un fer étincelant, nous appelle par ses instances et ses caresses. Elle est cette nouvelle Ève qui a réparé les maux que l'ancienne nous avait attirés. La première alluma la colère de Dieu et nous ferma le ciel, la seconde a eu la gloire d'apaiser cette colère et de nous ouvrir ce séjour de félicité. Nul ne peut y parvenir qu'en passant par la porte mystérieuse de son cœur immaculé, car le séraphique saint Bonaventure nous assure que le cœur de Marie est la source de notre salut : *Omnis salus de corde Mariæ scaturizat* (1) ; et saint Germain de Constantinople s'écrie : « Personne n'est sauvé que par vous, ô très-sainte Vierge ! » *Nemo salvatur nisi per te, o Virgo Maria* (2) !

(1) *Psalterium B. Virginis,* ps. 79.
(2) Orat. *de Zona Deiparæ.*

C'est par cette porte des splendeurs célestes que sont entrés les apôtres, les martyrs, les confesseurs, les vierges et tous les prédestinés ; elle a vu passer les vainqueurs de l'enfer et du monde, et elle les a introduits dans la glorieuse cité de Dieu.

Aussi, on peut remarquer dans la vie des saints avec quelle confiance ils ont imploré Marie à l'heure de la mort. Ils n'étaient rassurés ni par leurs austérités, ni par la continuité de leurs oraisons, ni même par les révélations divines dont ils avaient été favorisés ; mais ils s'appuyaient sur le bon secours de la reine des cieux, et ils attendaient la fin de la vie avec sécurité.

On rapporte de saint André d'Avellin, que pendant son agonie il eut un combat si terrible à soutenir contre l'enfer, que tous les religieux qui l'assistaient en furent saisis d'épouvante. La violence qu'il se faisait pour repousser les assauts de l'ennemi était si forte, qu'elle paraissait sur son visage décomposé et dans tous ses membres qui s'agitaient convulsivement. A ce spectacle, les larmes coulaient de tous les yeux ; chacun redoublait de prières et tremblait pour lui-même en voyant un saint mourir de la sorte. Une seule chose consolait ces religieux, c'est que le moribond tournait souvent ses yeux vers une image de la sainte Vierge, comme pour lui demander du secours : ce qui leur rappelait que le saint avait dit plus d'une fois dans le cours de sa vie que Marie serait son refuge à l'heure de sa mort. En effet, peu d'instants après, le combat cessa par la victoire la plus glorieuse. Les agitations du mourant se calmèrent, son visage reprit sa première sérénité ; on le vit incliner sa tête, en signe de reconnaissance, vers l'image de Marie qu'il n'avait pas cessé de fixer, et, en même temps, il exhala son âme dans le sein de cette mère céleste, qui, à ce que l'on croit, lui était apparue (1).

Sainte Opportune, religieuse bénédictine, vit auprès de son lit de mort sainte Cécile et sainte Lucie qui lui dirent : « Chère épouse du Sauveur, la vierge Marie vous attend pour vous introduire dans le ciel. » Quelques moments après, on observa qu'elle tendait à sa fin, et l'on commença les prières des agonisants, les

(1) Saint Liguori, paraphrase du *Salve Regina*.

prêtres d'un côté du lit et les religieuses de l'autre ; alors sainte Opportune, reprenant ses forces, s'assied sur sa couche et s'écrie : « La voici, la Mère immaculée de mon Dieu ! Je vous recommanderai tous à sa bonté. » Puis, étendant les bras comme pour embrasser la sainte Vierge, elle mourut dans cette attitude (1).

Saint Félix Cantalice, grand dévot à Marie, ayant reçu au lit de la mort les derniers sacrements, entra dans un ravissement céleste pendant lequel on vit son visage prendre une expression de félicité ardente, et ses yeux se fixer vers un objet qu'il semblait vouloir atteindre avec les bras. Un frère lui ayant demandé ce que c'était : « Eh ! ne voyez-vous pas, lui dit-il, ma chère mère la sainte Vierge avec cette troupe d'anges ? Elle me remplit d'allégresse. » Un quart d'heure après, il rendit sans agonie son âme sainte au Seigneur (2).

On lit dans la vie de sainte Claire, écrite par l'ordre du pape Alexandre IV, que, quelques moments avant de sortir de ce monde, elle fut

(1) Surius, *Vie des Saints*, 22 avril.
(2) Actes de la canonisation du saint.

visitée par la reine du ciel, accompagnée d'une foule de vierges vêtues en blanc, lesquelles se rangèrent autour de sa couche, tandis que Marie, souriant avec grâce, l'embrassa tendrement et remplit son cœur d'une joie céleste. Ce fut dans la douceur de cette contemplation qu'elle exhala son dernier soupir (1).

Un saint religieux mourant disait à ses frères qui l'entouraient en fondant en larmes : « Pourquoi ne me réjouirais-je pas ? voilà que ma maîtresse est à côté de moi, prête à recevoir mon âme. Par sa vive lumière, elle chasse toutes les ténèbres qui m'entourent, et avec son doux regard elle me fait déjà goûter les délices du ciel. » — Et un célèbre docteur, le pieux Suarès, qui avait coutume de dire qu'il donnerait tout son savoir pour le mérite d'un *Ave Maria*, trouva sa mort si délicieuse, parce qu'il avait toujours mis sa confiance dans la sainte Vierge, qu'il s'écria sur le point d'expirer : *Je ne croyais pas qu'il fût si doux de mourir.*

Plusieurs serviteurs de Marie ont désiré mourir à l'époque de quelques-unes de ses

____

(1) Vie authentique de sainte Claire.

fêtes, et cette mère tendre leur a ménagé cette consolation. Saint Stanislas Koska avait demandé à la sainte Vierge la grâce de sortir de ce monde le jour que l'Église célèbre la fête de son Assomption glorieuse ; il lui avait même écrit, le 10 août, à cet effet, avec une admirable candeur, une lettre qu'il porta sur son cœur en allant à la sainte communion. Ses vœux furent accomplis, car il tomba malade le soir du même jour, et mourut le 15 août, à l'âge de dix-huit ans, dans l'extase de l'amour.

On ferait une histoire volumineuse de toutes les faveurs surnaturelles accordées par Marie, à l'heure de la mort, non-seulement à ses fidèles serviteurs, mais encore aux pécheurs les plus endurcis qui l'ont invoquée à cet instant suprême. Aussi la dévotion à la patronne de la bonne mort a-t-elle toujours été en honneur dans l'Église ; de là les titres de *Notre-Dame des Agonisants*, de *Notre-Dame de Pitié*, de *Notre-Dame de Consolation*, de *Notre-Dame du Bon-Secours*, de *Notre-Dame de Bonne-Délivrance*, décernés à Marie par la confiance des chrétiens.

Mais c'est surtout au dix-septième siècle que

ce culte touchant s'est établi d'une manière régulière par le zèle des révérends pères jésuites. Ces hommes apostoliques, sachant, par le témoignage des saints Pères et par une constante expérience, que la méditation de la Passion de Jésus-Christ et des douleurs de sa sainte mère au pied de la croix était l'exercice le plus propre à régler la vie et à la consommer par une sainte mort, conçurent le dessein d'établir cette pratique dans leur maison professe de Rome. Ils commencèrent, en 1648, à réunir les fidèles tous les vendredis soir, en présence du très-saint sacrement, dans l'église de leur maison-professe, appelée *le Jésus*, pour les porter à implorer la grâce d'une bonne mort par les mérites de l'agonie de Notre-Seigneur et de la compassion de la sainte Vierge. Cette pieuse dévotion ayant attiré en peu de temps un grand concours de chrétiens, les pères jésuites formèrent une *confrérie* sous le titre *de Notre-Seigneur Jésus-Christ mourant en croix, et des douleurs de la bienheureuse vierge marie, sa Mère,* autrement dite *de la Bonne-Mort.* Cette association salutaire se propagea bientôt dans la plupart des lieux où la compagnie de Jésus possédait des

7.

établissements, c'est-à-dire dans presque tout le monde catholique, et pendant plus de quatre-vingts ans, elle s'y soutint par la seule ferveur des fidèles. Mais enfin les fruits qu'elle produisait devenant de jour en jour plus abondants, le père Michel-Ange Tamburini, général de la compagnie, supplia le pape Benoît XIII d'approuver cette œuvre devenue universelle, afin de lui donner plus de stabilité. C'est pourquoi, par des lettres patentes datées du 9 octobre 1729, cet illustre pontife érigea dans l'église *du Jésus*, à Rome, une congrégation-mère des deux sexes, sous l'invocation mentionnée plus haut, et lui accorda de nombreuses indulgences et priviléges. De plus, il voulut qu'elle fût dirigée par le père Michel-Ange Tamburini, et dans la suite par le supérieur actuel de la société de Jésus, ou, à son défaut, par le vicaire général, auxquels il donna le pouvoir d'ériger dans toutes les maisons, colléges et résidences de l'ordre des congrégations semblables, et de les enrichir des mêmes priviléges que ceux concédés à la congrégation-mère.

Cette belle institution fleurit jusqu'à l'époque de la conjuration impie qui, en amenant la ruine de la société de Jésus, renversa les œuvres merveilleuses auxquelles elle donnait la vie dans toute la chrétienté. La confrérie de la Bonne-Mort s'éteignit donc presque partout à ce moment de funeste mémoire. Mais quelques années après, les religieuses hospitalières de Saint-Thomas de Villeneuve, dont la vocation est de servir les malades dans les hôpitaux et de leur procurer une bonne mort, ayant appris les biens multipliés que cette sainte confrérie avait produits autrefois dans l'Église, désirèrent en établir une semblable dans le chef-lieu de leur congrégation, tant pour l'utilité des fidèles qui fréquentaient leur chapelle, qu'afin de puiser elles-mêmes à cette source de bénédiction des grâces plus efficaces pour remplir leur sublime ministère. Ce pieux dessein leur fut inspiré par la divine Providence, qui les destinait à devenir les héritières du culte de Notre-Dame de Bonne-Délivrance, titre qui a un rapport si frappant avec la Bonne-Mort, puisqu'une bonne mort est la délivrance complète de tous les dangers et de toutes les misères de la vie présente.

Elles s'adressèrent donc au pape Pie VI, qui, par un rescrit daté du 28 septembre 1782, donna à monseigneur l'archevêque de Paris le pouvoir de leur conférer la faveur qu'elles sollicitaient, avec toutes les indulgences accordées par Benoît XIII à l'église *du Jésus*, à Rome. C'est pourquoi monseigneur de Juigné, par lettres authentiques en date du 7 janvier 1785, érigea la confrérie de la Bonne-Mort dans la chapelle de leur maison-mère, à Paris, et assigna le second dimanche de chaque mois pour gagner l'indulgence plénière mentionnée au troisième article du rescrit de Benoît XIII.

Mais les religieuses de Saint-Thomas de Villeneuve ne jouirent pas longtemps de ce trésor de grâce ; la tempête révolutionnaire vint les en dépouiller en entraînant dans un commun naufrage les institutions religieuses et sociales. La pieuse confrérie demeura dissoute jusqu'en 1801, époque de l'ouverture des églises, où on la rétablit comme en 1783.

Enfin, des jours de restauration religieuse et politique parurent se lever sur la France et l'Église. Le souverain pontife, rendu à la liberté après une cruelle captivité, s'empressa de rétablir solennellement la sainte société des jésuites ; et, quelques années après (6 février 1821), ces pères obtinrent de Sa Sainteté la confirmation de la confrérie de la Bonne-Mort, érigée autrefois à Rome, dans l'église de leur maison-professe, par Benoît XIII, et le renouvellement des pouvoirs accordés au général de la compagnie et à ses successeurs.

Le pape Léon XII a étendu ces pouvoirs, et par un rescrit spécial du 22 février 1827, il a accordé la faculté d'établir la confrérie de la Bonne-Mort dans toute autre église que celle des jésuites, avec communication des priviléges et indulgences concédés à la congrégation-mère.

Or, les religieuses de Saint-Thomas de Villeuve, quoique en possession canonique de cette pieuse confrérie érigée par Pie VI, dans leur ancienne chapelle, mais désirant participer aux prières et aux mérites de tous les membres de la congrégation-mère, crurent devoir s'y associer à l'époque où elles élevèrent un nouveau sanctuaire à Notre-Dame de Bonne-Délivrance. Elles s'adressèrent donc, en 1830, au général des jésuites qui leur envoya l'acte d'affiliation suivant :

JEAN ROOTHAAN,

Supérieur-général de la compagnie de Jésus,

A tous ceux qui ces présentes verront, salut en celui qui est la vérité et la vie éternelle. D'après la demande des vénérables religieuses de la congrégation dite de Saint-Thomas de Villeneuve, établie à Paris, d'ériger dans l'église de leur maison une *Confrérie* sous le titre de *Notre-Seigneur Jésus-Christ mourant en croix, et des douleurs de la bienheureuse vierge Marie, sa mère,* vulgairement dite *de la Bonne-Mort,* et de l'agréger à la congrégation-mère ; approuvant autant qu'il est en nous le pieux zèle desdites vénérables religieuses, et désirant de toutes nos forces étendre le culte divin et procurer l'avancement spirituel des chrétiens, en vertu de l'autorité à nous accordée par le saint-siége apostolique, nous érigeons dans ladite église une congrégation des fidèles des deux sexes sous la susdite dénomination, et nous l'agrégeons et l'associons à la congrégation-mère, établie à Rome ; de plus, nous lui accordons, au nom du Père, du Fils et du Saint-

Esprit, et lui communiquons tous les priviléges, indulgences plénières et autres faveurs accordées jusqu'ici à la congrégation-mère, et aux autres congrégations qui lui ont été agrégées, ainsi que celles qui seront accordées dans la suite. Nous supplions la divine majesté de confirmer et ratifier dans le ciel cette concession, et de combler de ses divines faveurs, en vue des mérites de Jésus-Christ et de sa très-sainte mère, les associés adonnés à la méditation de leurs souffrances, et de les rendre participants de la gloire éternelle, en leur accordant une sainte mort. En foi de quoi nous avons fait revêtir du sceau de notre société les présentes signées de notre main. Donné à Rome, le 30 mars 1830.

Jean ROOTHAAN.

Jean JANSSEN,

Secrétaire de la Compagnie de Jésus.

INDULGENCES

Accordées par Benoît XIII à la confrérie de la Bonne-Mort, erigée à Rome dans l'église du Jésus, et à la même confrérie établie à Paris, dans la chapelle de Notre-Dame de Bonne-Délivrance, et affiliée à celle de Rome.

1. Indulgence plénière à tous les fidèles de l'un et de l'autre sexe, qui se confesseront et communieront le jour de leur réception dans ladite confrérie.

2º Indulgence plénière aux membres de cette confrérie qui, à l'article de la mort, invoqueront dévotement de cœur le saint nom de Jésus, s'ils ne peuvent l'invoquer de bouche.

3º Indulgence plénière aux associés qui, étant vraiment pénitents et confessés, communieront le second dimanche de chaque mois, dans la chapelle de Notre-Dame de Bonne-Délivrance, où ladite confrérie est érigée, pour-

qu'ils assistent à l'exposition du saint
rement qui se fera le soir.

4° Indulgence plénière aux associés qui,
ment pénitents et confessés, communieront
s la chapelle de la confrérie, et y prieront
vant les intentions du souverain pontife les
rs de Noël, de l'Epiphanie, de Pâques, de
cension, de la Pentecôte, de la Trinité, du
t-Sacrement, de la Conception, de la Nati-
, de la Purification, de l'Annonciation, de
somption, de la fête de Notre-Dame de
ne-Délivrance, le 18 juillet, de la nais-
de saint Jean-Baptiste, de la fête de saint
ph, de celle des saints apôtres Pierre et
, de celle de tous les autres apôtres et de
ussaint.

Indulgence de sept ans et de sept quaran-
s, à tous les membres de la confrérie qui
eront dévotement à l'exposition du saint
ment, qui se fera le soir du second di-
he du mois, et qui y feront quelques
à la même intention.

ndulgence d'un an, chaque fois 1° qu'ils
ront à un enterrement, ou qu'en étant
hés, ils réciteront pour l'âme du défunt

un *Pater* et un *Ave* au son des cloches; 2° qu'ils assisteront à quelque pieuse congrégation; 3° qu'ils entendront la messe les jours ordinaires; 4° que le soir, avant de se coucher, ils feront un sérieux examen de conscience; 5° qu'ils visiteront les prisonniers et les pauvres malades dans les hôpitaux ou dans les maisons particulières.

7° Tous les jours de carême et les autres indiqués au missel romain pour les stations de Rome, en visitant la chapelle de la confrérie, et en y priant suivant les intentions du souverain pontife, les associés gagnent toutes les indulgences attachées à ces stations. Il serait trop long d'énumérer ces indulgences et ces jours de stations. Il suffit de dire que l'indulgence de chaque jour du carême est de dix ans et dix quarantaines.

Les indulgences désignées ci-dessus, soit plénières, soit partielles, sont applicables par forme de suffrages aux âmes du purgatoire

On peut hors de Paris s'agréger à la confrérie de la Bonne-Mort, en y envoyant son nom qui s'inscrit dans un registre; et l'on gagne les mêmes indulgences, si, en visitant une église

quelconque du lieu où l'on se trouve, on y
observe autant qu'il est possible ce qui se pratique dans la chapelle de Notre-Dame de Bonne-
Délivrance.

RÈGLES

POUR LES ASSOCIÉS A LA CONFRÉRIE DE LA BONNE-MORT.

1° La grâce de la persévérance finale ou d'une
bonne mort étant le don qui couronne tous les
autres, la vie entière du chrétien doit s'y rap-
porter ; c'est pourquoi, le jour de leur entrée
dans la confrérie, les fidèles feront à Jésus
mourant sur la croix, par la médiation de sa
très-sainte mère, l'offrande et la donation
absolue de toutes leurs bonnes œuvres, et de
tous leurs mérites passés et même futurs, afin
d'obtenir la grâce d'une bonne et sainte mort.

2° Tous les associés auront dans leur oratoire l'image de Jésus crucifié et celle de la
sainte Vierge, et réciteront chaque jour, à la
même intention, une dizaine de chapelet, ou

bien la prière du pape Benoît XIV, rapportée à la page 165.

3° Le sacrement de nos autels ayant été institué pour nous rappeler la mémoire du grand sacrifice offert sur le Calvaire, les associés le recevront au moins le second dimanche de chaque mois, jour fixé pour gagner l'indulgence plénière applicable aux âmes du purgatoire, et ils s'y prépareront comme pour la réception du saint viatique, en faisant à Dieu le sacrifice de leur vie qu'ils uniront à celui de Jésus crucifié.

4° L'expérience prouvant que la plupart des hommes sont surpris par la mort, et que d'ailleurs le temps de la dernière maladie, et surtout de l'agonie est peu propre à se disposer à paraître devant Dieu, les associés s'adonneront d'avance à cet exercice, et ils choisiront le second dimanche du mois, pour se pénétrer des sentiments et pour remplir les actes que la foi doit inspirer au chrétien mourant.

5° Les associés sont invités à faire le vendredi quelques pratiques de mortification en mémoire des trois heures que dura l'agonie de Notre-Seigneur, et des douleurs de sa très-sainte mère sur le Calvaire. Ils recueilleront aussi beaucoup de fruit de l'exercice du chemin de la Croix, établi dans la chapelle de Notre-Dame de Bonne-Délivrance.

6° Le devoir de tous les associés est de procurer la grâce des derniers sacrements aux malades et aux agonisants, auprès desquels ils pourront avoir accès. Ils ne négligeront rien pour les disposer à une bonne mort, et ils les recommanderont aux prières de la confrérie.

Nota. Aucune de ces règles n'oblige sous peine de péché ; mais les associés qui les négligent se privent des grâces que Dieu ne manque pas d'accorder à ceux qui sont fidèles dans les petites choses.

PRÉPARATION ÉLOIGNÉE

A LA MORT.

Estote parati, quia, quâ horâ non putatis, Filius hominis veniet.

Soyez prêts, parce que le Fils de l'homme viendra à l'heure que vous ne pensez pas.

Luc, xii.

CONSIDÉRATIONS

I.

Tout le monde sait qu'il faut mourir et qu'on ne meurt qu'une fois. Tout le monde est convaincu aussi qu'il n'y a point d'événement qui soit pour nous plus important, puisque de là dépend notre bonheur ou notre malheur éternel. Or, la raison toute seule nous montre qu'à toutes les affaires importantes nous devons apporter une préparation sérieuse, une préparation proportionnée au bien que nous désirons, ou au mal que nous craignons. N'est-ce pas ainsi que nous nous conduisons dans tous les événements intéressants de notre vie ? Nous nous y préparons d'aussi loin que nous pouvons. Nous méditons avec réflexion, nous suivons avec soin, nous saisissons avec empressement, nous employons avec ardeur les moyens de les faire tourner à notre satisfaction. Nous redoublons d'attention, nous multiplions nos précautions à raison de l'importance de l'affaire, de l'avantage et des dangers de ses suites. Peut-il y avoir dans la vie un événement d'un intérêt comparable à celui de la mort ? Si une voix, même inconnue, vous avertissait qu'un danger sérieux vous menace, vous n'hésiteriez pas, vous ne tarderiez pas à vous précautionner pour l'éviter. C'est Jésus-Christ qui vous crie, qui ne cesse de vous répéter, par lui-même, par ses ministres, par les exemples qu'il place sous vos yeux, par les sentiments qu'il met dans votre cœur, que la mort est inévitable, son moment incertain, ses surprises prochaines, ses suites épouvantables ; et à toutes ces voix menaçantes vous fermez l'oreille. Le plus important de tous les événements est celui dont vous vous occupez le moins. La grandeur du danger, qui devrait ranimer votre attention, vous en fait repousser la pensée.

Et quel est donc l'espoir qui vous berce dans ce funeste sommeil ? Imaginez-vous qu'on puisse bien mourir sans y s'être préparé ? Ou plutôt ne vous faites-vous pas l'illusion, malheureusement commune, qu'il sera encore temps de vous préparer à la mort quand le temps de la mort sera arrivé ? Pensez-vous pouvoir, en un moment, faire d'un pécheur un pénitent ? Et dans quel moment encore ? Quand votre corps affaibli par la maladie, votre âme affaissée sous le poids du mal, votre conscience accablée de ses remords, ne vous laisseront plus ni la pensée de projeter, ni le courage d'entreprendre, ni la force d'exécuter une conversion. Se préparer à l'action seulement au moment d'agir, c'est vouloir agir sans préparation. C'est lorsque l'ennemi est encore éloigné, qu'on forme le soldat à l'usage des armes. On ne met pas au pilote le gouvernail en main avant de l'avoir instruit à la manœuvre. On n'attend pas pour calfater le vaisseau que l'eau y pénètre. Vous attendez pour vous disposer à la mort que, déjà entrée dans votre chambre, elle s'approche de votre lit pour vous saisir. Ne vous abusez pas ; confier ainsi votre salut à une confession faite au dernier moment, c'est attacher à un fil l'ancre de vos espérances. Le divin maître ne vous dit pas : « Préparez-vous à l'approche de la mort, » il vous ordonne de vous tenir prêts. Elles coururent se préparer lors de l'arrivée de l'époux, les vierges que, dans sa parabole, Jésus-Christ traite d'insensées. Mais il était trop tard : l'entrée du banquet nuptial leur fut refusée. Les vierges qui avaient eu la prudence de se préparer d'avance furent les seules admises. Faites donc, vous crie l'Esprit-Saint, faites promptement ce que vous pouvez faire. En arrivant aux portes de l'enfer, vers lequel vous vous avancez, vous n'aurez plus ni sagesse pour vouloir, ni force pour pouvoir. Hâtez-vous ! tout moment est précieux à qui ne peut s'en promettre aucun.

II.

Cette préparation qui dispose à la mort, les saints Pères, les docteurs, les maîtres de la vie spirituelle, enseignent tous d'un commun accord qu'elle doit être la vie entière. Ce n'est que pour cela qu'elle nous est accordée. C'est pour que nous nous rendions dignes d'entrer au ciel, que l'auteur de notre être nous a placés sur la terre. C'est pour que nous méritions d'entendre à la mort un arrêt favorable de sa justice, qu'il ne cesse de verser sur nous, pendant la vie, les bienfaits de sa miséricorde. Toutes les vues de sa providence, dans sa conduite sur nous, sont de nous amener à une bonne mort. Que ce soient donc aussi les nôtres. Ne vivant que pour mourir, ne vivons que pour bien mourir, et faisons de toute la vie l'apprentissage de la mort. Mourons d'avance en esprit; mourons à nos passions, au monde, à ses vains plaisirs, à ses biens frivoles. Détachons-nous-en, séparons-nous-en de cœur et volontairement, comme la mort nous en séparera réellement et forcément. Prévenons-la par nos sacrifices, afin qu'elle ne nous prévienne pas par ses surprises. La raison, l'expérience, la foi, tout nous enseigne que la destinée ordinaire des hommes est de mourir comme ils ont vécu ; vivons saintement pour mourir de même. Craignons le Seigneur toute la vie, afin d'espérer en lui à la mort (1). Que la salutaire terreur du dernier moment nous retienne constamment dans l'état où nous désirons être trouvés quand il arrivera. Pouvant à chaque instant nous voir surpris par la mort, soyons à chaque instant préparés à la recevoir. Continuellement exposés à entendre le maître suprême exiger le compte de notre gestion, tenons-le prêt à être rendu. Chacune de nos actions pouvant être la dernière, faisons-la comme si elle devait l'être. Regardons-les toutes comme les œuvres d'un mourant, puisqu'en effet il est possible qu'elles le soient. C'est, dirons-nous, la plus haute imprudence, l'extravagance la plus insigne, de courir un seul moment les risques affreux de l'éternité, de la compromettre à l'incertitude d'un événement qui peut arriver à chaque in-

(1) Ps. xxiii, 17.

stant, qui probablement arrivera au moment où il ne sera pas attendu. Ignorant quand celui qui nous donna la vie nous la redemandera, ou, comme le dit Jésus-Christ dans sa parabole, à quelle heure arrivera subitement le maître de la maison qui nous ordonne de l'attendre, si ce sera le soir, à minuit, au chant du coq, ou le matin, ayons soin qu'il ne nous trouve pas plongés dans le sommeil du péché ; veillons sans interruption, veillons, c'est le précepte qu'il nous donne formellement à tous (1). Heureux, nous déclare-t-il, ceux qu'à son arrivée il trouvera éveillés pour le recevoir (2).

III.

Pour nous tenir dans cet état constant, habituel de vigilance et de précaution contre les surprises de la mort et contre ses redoutables suites, il est un moyen efficace et infaillible, c'est d'y penser souvent. La pensée de la mort, voilà la première préparation à la mort, celle qui produit toutes les autres, qui en maintient

(1) Marc, xiii, 33-37.
(2) Luc., xii, 37.

la continuité, qui en assure le succès. La pensée de la mort est un bienfait de Dieu, une grâce qu'il nous envoie. C'est sa miséricorde qui nous l'inspire, afin de nous enseigner, de nous exciter, de nous encourager à bien mourir. La pensée de la mort vous effraye, mais c'est pour vous préserver du danger de la mort. La pensée de la mort vous afflige, mais c'est pour vous remplir de consolations quand la mort sera venue. A tous les maux dont menace la mort, la pensée de la mort est le remède ; remède amer peut-être, mais par là même d'autant plus salutaire. Plus elle vous frappera, plus elle vous sera utile. Ah ! que ne peut-elle, cette grande, cette puissante, cette nécessaire pensée, pénétrer profondément dans les esprits de ces hommes qui, oubliant qu'ils sont mortels, vivent comme s'ils ne devaient jamais mourir ! Que ne peut-elle les troubler, les agiter assez fortement pour les retirer de leur fatal engourdissement, et réveiller leur conscience assoupie, en y enfonçant l'aiguillon du remords !

Il vaut mieux aller dans la maison du deuil que dans celle du festin, parce qu'on y est averti dé la fin de tous les hommes, et que celui qui est actuellement vivant pense à ce qu'il doit devenir (1). C'est le Sage qui nous donne cette maxime profondément vraie et souverainement utile ; utile aux justes qu'elle retient dans la voie du salut, utile aux pécheurs qu'elle y ramène, utile aux justes dont elle assure la persévérance, utile aux pécheurs qu'elle excite au repentir. Utile aux justes, et n'est-ce pas la puissante considération de la mort qui a couvert les échafauds de martyrs, peuplé de solitaires les déserts ? N'était-ce pas en gravant dans son esprit le souvenir des années éternelles, en les méditant fortement, que le saint roi David se maintenait dans la justice (2). Utile aux pécheurs, c'est la considération de la mort et de ses suites qui opère presque toutes les conversions. Qui pourrait compter toutes les âmes arrachées à l'enfer par la terreur de l'enfer ? En pensant à la mort, l'esprit se transporte sur cette fatale limite du temps et de l'éternité. Placé sur ce point intermédiaire, il contemple

(1) Eccl., viii, 3.
(2) Ps. lxxvi, 6.

l'un et l'autre, non plus dans un lointain trompeur, mais de près et comme en y touchant ; non plus à travers les vapeurs qu'élèvent autour de lui les passions, mais dans un jour pur et serein ; les biens et les maux futurs se présentent à lui tels qu'ils sont dans leur réalité. Il les voit, il les juge comme il les verra, comme il les jugera à son dernier moment. Il prend, dès lors, les dispositions chrétiennes où la mort le mettra ; il se pénètre des sentiments religieux qu'elle lui inspirera. Si la vie est la préparation à la mort, la mort est l'école de la vie. En vivant bien, nous nous disposons à mourir ; en pensant à mourir, nous nous instruisons à bien vivre (1).

(1) *Considérations sur les divers points de la morale chrétienne.*

EXERCICE

DE PRÉPARATION A LA MORT,

PAR BOSSUET.

Beati servi illi quos, cum venerit Dominus, invenerit vigilantes.

Bienheureux les serviteurs que le maître trouvera prés lorsqu'il arrivera.

Luc, xii, 37.

PREMIÈRE PRIÈRE.

LE CHRÉTIEN ACCEPTE LA MORT EN PUNITION DE SES PÉCHÉS.

Seigneur, vous n'avez pas fait la mort (1) ; elle n'était pas au commencement, et *elle n'est entrée dans le monde qu'en punition du péché* (2). *Vous avez créé l'homme immortel* (3), et s'il fût demeuré obéissant, la mort eût été pour lui un

(1) Sap., i, 13.
(2) Rom., v, 12.
(3) Sap., xi, 25.

mal inconnu ; mais c'était le moindre de nos malheurs. L'âme mortellement blessée par le péché, par la mort temporelle, nous précipitait dans l'éternelle, et l'enfer était notre partage.

O Dieu ! voici la merveille de votre grâce. La mort n'est plus mort, après que Jésus-Christ l'a soufferte pour nos péchés et pour les péchés du monde. Elle n'est plus qu'un passage à l'immortalité, et notre supplice nous a tourné en remède, puisque, en portant avec foi et avec soumission la mort à laquelle nous avons été justement condamnés, nous l'évitons à jamais.

Voici donc, Seigneur, votre coupable qui vient porter la mort à laquelle vous l'avez condamné ; enfant d'Adam, pécheur et mortel, je consens humblement à subir l'exécution de votre juste sentence. Mon Dieu, je le reconnais, j'ai mangé le fruit défendu, dont vous aviez prononcé qu'au jour que je le mangerais, je mourrais de mort. Je l'ai mangé, Seigneur, ce fruit défendu, non-seulement une fois en Adam, mais encore toutes les fois que j'ai préféré ma volonté à la vôtre. Je viens donc subir ma sentence ; je viens recevoir la mort que j'ai méritée. Frappez, Seigneur ; votre criminel se soumet. J'adore votre souveraine puissance dans l'exécution de cette sentence, dont nul n'a jamais pu éviter l'effet, ni même reculer d'un moment. Il faut mourir ; vous l'avez dit ; le riche comme le pauvre, le roi comme le sujet. C'est ce coup inévitable de votre main souveraine qui égale toutes les conditions, tous les âges, tous les états, et la vie la plus longue avec la plus courte, parce qu'il ne sert de rien d'écrire beaucoup, si, en un moment et par une seule rature, tout est effacé.

J'adore donc, ô mon Dieu ! ce coup tout-puissant de votre main souveraine ; j'entre dans la voie de toute chair. Il fallait à notre orgueil et à notre mollesse ce dernier coup pour nous confondre. Les vanités nous auraient trop aisément enivrés, si la mort ne se fût toujours présentée en face ; si, de quelque côté qu'on peut se tourner, on ne voyait toujours devant soi ce dernier moment, lequel, lorsqu'il est venu, tout le reste de notre vie est convaincu d'illusion et d'erreur. O Seigneur ! je vous rends grâce de ce secours que vous laissez à notre faiblesse, de cette humiliation que vous envoyez à notre orgueil, de cette mort que vous donnez à nos sens. O Seigneur! la vie de nos sens et de notre vanité serait trop vive si vous ne la mortifiiez par la vue continuelle de la mort. Taisons-nous, mortels malheureux; il n'y a plus de réplique : il faut céder; il faut, malgré qu'on en ait, mépriser ce squelette, de quelque parure qu'on le revêtisse. La mort en montre le fond à tous les hommes, même à ceux qui y sont le plus attachés. Que toute chair demeure atterrée et anéantie. O Dieu! j'adore ce bras souverain qui détruit tout par un seul coup. O mort! tu m'ouvres les yeux afin que je voie mes vanités. Ainsi, ô mort! tu m'es un remède contre toi-même. Il est vrai, tu ôtes tout à mes sens; mais, en même temps, tu me désabuses de tous les faux biens que tu m'ôtes. O mort! tu n'es donc plus mort que pour ceux qui veulent être trompés. Tu m'es un remède : tu envoies tes avant-coureurs, les infirmités, les douleurs, les maladies de toutes sortes, afin de rompre peu à peu les liens qui me plaisent trop, quoiqu'ils m'accablent. O mort! Jésus-Christ crucifié t'a donné cette vertu. Tu n'es plus ma mort, tu es le commencement de ma délivrance.

DEUXIÈME PRIÈRE.

LE CHRÉTIEN S'ABANDONNE A LA CONFIANCE.

O mon Dieu ! votre parole m'annonce qu'il faudra comparaître devant votre tribunal redoutable. Et comment oserai-je y comparaître avec tant de péchés ? Mais quoi ! est-ce donc en vain que vous avez dit : *Qui espère en moi ne sera pas confondu* (1). Et encore : *Si Dieu est pour nous, qui sera contre nous ? Celui qui n'a pas épargné son propre Fils, mais qui l'a livré pour nous à la mort, quels biens ne nous a-t-il pas donnés avec lui ? Qui osera accuser les élus de Dieu ? C'est Dieu même qui les justifie. Qui les condamnera ? C'est Jésus-Christ qui est mort, mais qui est ressuscité, qui est à la droite de son Père, qui ne cesse d'intercéder pour nous* (2). Et encore : *Je vis en la foi du Fils de Dieu qui m'a aimé, qui s'est livré pour moi* (3) ; *qui a porté*

(1) Eccl., ii, 11.
(2) Rom., viii, 31, etc.
(3) Gal., ii, 20.

nos péchés dans son propre corps sur le bois de la croix, et nous avons été guéris par ses blessures (1). Je n'ai donc point à craindre mes péchés qui sont effacés au moment que je m'abandonne à la confiance. Je n'ai à craindre que de craindre trop : je n'ai à craindre que de ne pas assez m'abandonner à Dieu par Jésus-Christ. O mon Dieu! ma miséricorde; ô mon Dieu! je m'abandonne à vous : je mets la croix de votre Fils entre mes péchés et votre justice.

Mon Sauveur, vous avez deux titres pour posséder l'héritage de Dieu votre Père : vous avez le titre de votre naissance; vous avez celui de vos travaux. Le royaume vous appartient comme étant le Fils, et il vous appartient encore en qualité de conquérant. Vous avez retenu pour vous le premier titre, et vous m'avez abandonné le second. Je le prends, je m'en saisis avec foi. Mon âme, il faut espérer en Dieu. *Mon âme, pourquoi es-tu triste, et pourquoi me troubles-tu?* Pourquoi me troubles-tu, encore une fois? *Espère en lui,* mon âme, et

(1) Petr., ii, 24.

dis-lui de toutes tes forces : *O mon Dieu! vous êtes mon salut* (1).

TROISIÈME PRIÈRE.

LE CHRÉTIEN RENOUVELLE LES ACTES DE FOI, D'ESPÉRANCE ET DE CHARITÉ, COMME S'IL ÉTAIT A L'HEURE DE LA MORT.

Le temps approche, Seigneur, que les ténèbres seront dissipées, et que la foi se changera en claire vue : le temps approche où je chanterai avec le Psalmiste : O Seigneur! *nous avons vu ce que nous avons entendu* (2). O Seigneur! tout nous paraît comme il nous avait été annoncé. Je n'ai plus qu'un moment ; et dans un instant je verrai à découvert toutes vos merveilles, toute la beauté de votre face, la sainteté qui est en vous, votre vérité tout entière. *Mon Sauveur, je crois, aidez mon incrédulité* (3), et soutenez ma faiblesse. O Dieu! je le reconnais,

(1) Ps. XLI, 6, 12.
(2) Ps. XLVII, 9.
(3) Marc., IX, 23.

je n'ai rien à espérer de moi-même ; mais vous avez commandé d'aller *en espérance contre l'espérance* (1). Ainsi, dans ce sentiment, je crois avec Abraham. Tout tombe ; cet édifice mortel s'en va par pièce. Mais *si cette maison de terre se renverse et tombe sur ses propres ruines, j'ai une maison céleste* (2) où vous me promettez de me recevoir. O Seigneur ! j'y cours, j'y vole, j'y suis déjà transporté par la meilleure partie de moi-même. *Je me réjouis d'entendre dire que j'irai dans la maison du Seigneur. Je suis à ta porte, ô Jérusalem ! me voilà debout, mes pieds sont en mouvement* (3), et tout mon corps s'élance pour y entrer.

Quand vous verrai-je, ô le bien unique ! quand vous verrai-je ? Quand jouirai-je de votre face désirable, ô vérité ! ô vraie lumière ! ô source de tout bien ! ô tout parfait ! ô vous qui êtes seul et qui êtes tout ! en qui je serai et qui serez en moi, qui serez tout à tous, avec qui je vais être *un seul esprit* (4) ? Mon Dieu, je

(1) Rom., iv, 18.
(2) II Cor., v, 1.
(3) Ps. cxxi, 1.
(4) I Cor., vi, 17.

vous aime : mon Dieu, ma vie et *ma force, je vous aime, je vous aimerai* (1) ; je verrai vos merveilles. Enivré de votre beauté et de vos délices, je chanterai vos louanges. Tout le reste est passé, tout s'en va autour de moi comme une fumée ; mais je m'en vais où tout se trouve. Dieu puissant, Dieu éternel, Dieu heureux, je me réjouis de votre puissance, de votre éternité, de votre bonheur. Quand vous verrai-je, ô principe qui n'avez point de principe ? Quand verrai-je sortir de votre sein votre Fils qui vous est égal ? Quand verrai-je votre Saint-Esprit procéder de votre union, terminer votre fécondité, consommer votre éternelle action ?

Mon Sauveur, en écoutant vos saintes paroles j'ai tant désiré de vous voir et de vous entendre vous-même : l'heure approche ; je vous verrai bientôt ; je vous verrai comme juge, il est vrai ; mais vous me serez un juge sauveur. Vous me jugerez selon vos miséricordes, parce que je mets en vous toute mon espérance, et que je m'abandonne à vous sans réserve. Sainte cité de Jérusalem, mes nouveaux citoyens, mes

____

(1) Ps. XVII, 1.

nouveaux frères, ou plutôt mes anciens citoyens, mes anciens frères, je vous salue dans le sentiment d'une foi vive. Bientôt, bientôt, dans un moment, je serai en état de vous embrasser : recevez-moi dans votre unité. Adieu, mes frères mortels ; adieu, sainte Eglise catholique. Vous m'avez porté dans vos entrailles, vous m'avez nourri de votre lait ; achevez de me purifier par vos sacrifices, puisque je meurs dans votre unité et dans votre foi. Mais, ô Eglise ! point d'adieu pour vous : je vais vous trouver dans le ciel, dans la plus belle partie de vous-même. Oh ! je vais voir votre source et votre terme, les prophètes et les apôtres vos fondements, les martyrs vos victimes, les vierges votre fleur, les confesseurs votre ornement, tous les saints vos intercesseurs. Eglise, je ferme les yeux ; je vous dis adieu sur la terre ; je vous trouverai dans le ciel.

QUATRIÈME PRIÈRE.

LE CHRÉTIEN SE TRANSPORTE AU MOMENT DE SON AGONIE ET L'UNIT A CELLE DU SAUVEUR.

Mon Sauveur, je cours à vos pieds dans le jardin sacré : je me prosterne avec vous la face contre terre ; je m'approche autant que je puis de votre saint corps, pour recueillir sur le mien les gouttes de sang qui découlent de toutes vos veines. Je prends à deux mains le calice que votre Père m'envoie. Vous n'aviez pas besoin d'un ange pour vous consoler dans votre agonie ; c'est pour moi qu'il vient à vous. Venez, ange saint ; venez, aimable consolateur de Jésus-Christ souffrant et agonisant, dans ses membres ; venez. Fuyez, troupes infernales ; ne voyez-vous pas ce saint ange, la croix de Jésus-Christ en main ? Ah ! mon Sauveur, je le dirai avec vous : *Tout est consommé* (1), *amen, amen;* tout est fait. *Je remets mon esprit entre vos mains* (2). Mon âme, commençons l'*Amen* éter-

(1) Joan., xix, 30.
(2) Luc., xxiii, 46.

nel, l'*Alleluia* éternel, qui sera la joie et le can-
tique des bienheureux dans l'éternité.

Je chanterai éternellement les miséricordes
du Seigneur : *Misericordias Domini in æternum
cantabo* (1).

Amen, Alleluia.

O moment heureux, où nous sortirons des
ombres et des énigmes pour voir la vérité ma-
nifestée ! Courons-y avec ardeur. Hâtons-nous
de purifier notre cœur, afin de voir Dieu selon
la promesse de l'Evangile. Ce fut le temps du
voyage ; *là finissent les gémissements* (2), là s'a-
chèvent les travaux de la foi, quand elle va,
pour ainsi dire, enfanter la claire vue. Heureux
moment, encore une fois ! qui ne le désire pas
n'est pas chrétien (3).

(1) Ps. LXXXVIII, 1.
(2) Apoc., XXI, 4.
(3) Bossuet, *Opuscules.*

ACTE D'ACCEPTATION DE LA MORT,

PAR LE P. BRIDAINE.

Me voici prosterné devant vous, Seigneur, comme un coupable mille fois digne de la mort. J'adore votre être éternel, et je remets entre vos mains celui que vous m'avez donné pour être détruit quand il vous plaira par la mort que j'accepte avec soumission, en l'union de celle de Jésus Christ et en esprit de pénitence. J'espère que l'acceptation que j'en fais attirera sur moi votre miséricorde pour me faire franchir heureusement ce redoutable passage.

Je désire, ô mon Dieu! par ma mort, vous faire un sacrifice de moi-même pour rendre hommage à la grandeur de votre être par l'anéantissement du mien.

Je désire que ma mort soit un sacrifice d'expiation qui vous agrée, ô mon Dieu! afin de satisfaire à votre justice pour tant d'offenses que j'ai commises, et dans cette vue j'accepte tout ce que la mort a de plus affreux aux sens et à la nature.

Je consens à la séparation de mon âme d'a-vec mon corps, en punition de ce que, par mes péchés, je me suis séparé si souvent de vous.

J'accepte la privation de l'usage de mes sens, en satisfaction des iniquités que j'ai commises par eux.

J'accepte, ô mon Dieu! d'être foulé aux pieds et enseveli dans la terre, pour punir mon orgueil qui m'a fait chercher à briller aux yeux des créatures.

J'accepte qu'elles m'oublient et qu'elles ne se souviennent plus de moi, en punition du plaisir que j'ai mis à leur plaire et à être aimé d'elles.

J'accepte la solitude et l'horreur du tombeau, pour réparer la dissipation et les vains amusements de ma vie.

J'accepte enfin la dissolution de mon corps en poudre et en cendre, et qu'il soit la pâture des vers, en expiation de l'amour déréglé que j'ai eu pour lui. O poudre! ô cendre! ô vers! je vous reçois, je vous chéris, et je vous regarde comme les instruments de la justice de mon Dieu pour châtier mon arrogance et l'orgueil qui m'a rendu rebelle à ses ordres. Vengez ses intérèts, réparez les injures que je lui ai faites, détruisez ce corps de péché, cet ennemi de Dieu, ces membres d'iniquité, et faites triompher la puissance du Créateur sur la faiblesse de son indigne créature. Je m'y soumets; ô mon Dieu! de tout mon cœur; faites que je vous possède pendant toute l'éternité. Quelque indigne que je sois de cette grâce, je vous la demande néanmoins, ô mon Dieu! par les mérites de Jésus-Christ, et par l'intercession de la sainte Vierge, des saints anges gardiens, de tous les saints et saintes du paradis. Ainsi soit-il.

PRIÈRE

QUE LE PAPE BENOIT XIV RÉCITAIT CHAQUE JOUR DEVANT UN CRUCIFIX.

O mon Dieu et mon Sauveur! vous qui êtes mort pour moi sur cette croix, je me prosterne en ce moment à vos pieds, et je vous adore dans le plus profond anéantissement de tout moi-même.

Je remets mon âme entre vos mains miséricordieuses et dans votre cœur sacré, tendre et paternel, maintenant et à l'heure de ma mort.

Ne sachant, ô divin Jésus! ni quand ni comment vous me tirerez de ce monde, j'accepte, avec respect et soumission, le moment et le genre de mort que votre providence, toujours adorable, m'a destinés dans ses décrets impénétrables. Je vous prie, Seigneur, de ne pas me juger selon la rigueur de votre justice, mais dans la clémence de votre grande bonté et infinie miséricorde; et, dès à présent, je vous remercie de toutes les grâces et de tous les bienfaits que j'ai reçus de votre tendresse paternelle et de ceux que j'en recevrai encore, surtout à l'heure de ma mort.

Je vous consacre dès aujourd'hui, Seigneur, ma dernière agonie, en union de vos extrêmes langueurs durant les trois heures de votre agonie sur la croix : je vous offre les douleurs de ma mort, en satisfaction de mes péchés, et en hommage de vos excessifs tourments à l'instant de la séparation de votre sainte âme d'avec votre corps adorable ; regardez-les d'un œil de propitiation et de miséricorde, et daignez me pardonner toutes mes offenses.

Secourez-moi, Seigneur, soyez ma force et mon triomphe dans ce dernier combat que j'aurai à soutenir contre les tentations des ennemis de mon bonheur. Ne permettez pas, ô mon Dieu! que mon âme que vous avez créée à votre image et que vous avez rachetée par l'effusion de votre sang précieux, périsse éternellement. Je crains, Seigneur, ce moment terrible qui doit décider de mon éternité; et mes fautes passées ne me donnent que trop sujet de trembler; mais, ô mon Dieu! vous êtes le refuge et le salut des pécheurs; soyez le mien, je vous en conjure, pour me faire grâce et miséricorde. Je l'espère de votre bonté infinie en qui je mets toute ma confiance, et, pour l'obtenir, accordez-moi, ô divin Rédempteur! par les mérites de votre sainte passion, une vive et véritable douleur de tous mes péchés, et faites que le dernier mouvement de mon cœur soit un acte parfait de votre saint amour, afin que mon âme, purifiée de toute souillure et sanctifiée par votre grâce, mérite le bonheur de vous être éternellement unie dans le ciel, séjour heureux de votre gloire immortelle. Ainsi soit-il.

O Jésus ! ô Marie ! ô Joseph ! je vous recommande mon âme.

LITANIES DE LA BONNE MORT,

ou

INVOCATION A LA SAINTE VIERGE

Pour obtenir une mort précieuse aux yeux du Seigneur.

Seigneur, ayez pitié de nous.

Christ, ayez pitié de nous.

Seigneur, ayez pitié de nous.

Christ, écoutez-nous.

Christ, exaucez-nous.

Dieu, le Père céleste, ayez pitié de nous à l'heure de notre mort.

Dieu, le Fils, rédempteur du monde, ayez pitié de nous à l'heure de notre mort.

Dieu, le Saint-Esprit, ayez pitié de nous à l'heure de notre mort.

Trinité sainte, qui êtes un seul Dieu, ayez pitié de nous à l'heure de notre mort.

Sainte Marie, salut des infirmes, priez pour nous à l'heure de notre mort.

Sainte Marie, consolatrice des affligés, priez pour nous à l'heure de notre mort.

Sainte Marie, refuge des pécheurs, priez pour nous à l'heure de notre mort.

Sainte Marie, secours des chrétiens, priez pour nous à l'heure de notre mort.

Sainte Marie, porte du ciel, priez pour nous à l'heure de notre mort.

Notre-Dame des Agonisants, priez pour nous à l'heure de notre mort.

Notre-Dame de Compassion, priez pour nous à l'heure de notre mort.

Notre-Dame de Miséricorde, priez pour nous à l'heure de notre mort.

Notre-Dame de Réconciliation, priez pour nous à l'heure de notre mort.

Notre-Dame de Bon-Secours, priez pour nous à l'heure de notre mort.

Notre-Dame de Toutes-Aides, priez pour nous à l'heure de notre mort.

Notre-Dame des Victoires, priez pour nous à l'heure de notre mort.

Notre-Dame de Bonne-Délivrance, priez pour nous à l'heure de notre mort.

Notre-Dame de Bon-Port, priez pour nous à l'heure de notre mort.

Notre-Dame de Paradis, priez pour nous à l'heure de notre mort.

A l'heure de notre mort, obtenez-nous la patience dans les douleurs, sainte Marie, exaucez-nous.

A l'heure de notre mort, obtenez-nous la conformité à la volonté divine, sainte Marie, exaucez-nous.

A l'heure de notre mort, obtenez-nous le courage contre les tentations, sainte Marie, exaucez-nous.

A l'heure de notre mort, obtenez-nous la foi, l'espérance et la charité, sainte Marie, exaucez-nous.

A l'heure de notre mort, obtenez-nous la contrition parfaite, sainte Marie, exaucez-nous.

A l'heure de notre mort, inspirez-nous le désir du ciel, sainte Marie, exaucez-nous.

A l'heure de notre mort, daignez nous procurer la grâce des sacrements, sainte Marie, exaucez-nous.

A l'heure de notre mort, daignez mettre sur nos lèvres le nom de Jésus et le vôtre, sainte Marie, exaucez-nous.

A l'heure de notre mort, daignez nous ménager l'assistance de saint Joseph, sainte Marie, exaucez-nous.

A l'heure de notre mort, daignez nous envoyer les anges, sainte Marie, exaucez-nous.

A l'heure de notre mort, daignez venir au-devant de nous, sainte Marie, exaucez-nous.

A l'heure de notre mort, daignez nous cacher dans votre cœur de mère, sainte Marie, exaucez-nous.

A l'heure de notre mort, daignez recevoir notre esprit entre vos mains, sainte Marie, exaucez-nous.

A l'heure de notre mort, daignez-nous présenter à Jésus, sainte Marie, exaucez-nous.

A l'heure de notre mort, daignez nous procurer la gloire du paradis, sainte Marie exaucez-nous.

Agneau de Dieu, qui effacez les péchés du monde, pardonnez-nous à l'heure de notre mort.

Agneau de Dieu, qui effacez les péchés du monde, exaucez-nous à l'heure de notre mort.

Agneau de Dieu, qui effacez les péchés du monde, ayez pitié de nous à l'heure de notre mort.

Christ, écoutez-nous. Christ, exaucez-nous.

ORAISON.

Seigneur, faites-nous sentir maintenant et à l'heure de notre mort votre divine clémence, par l'intercession de la bienheureuse vierge Marie, votre mère, dont l'âme très-sainte a été percée d'un glaive de douleur dans le temps de votre Passion ; nous vous en prions, ô Jésus ! sauveur du monde, qui vivez et régnez dans les siècles des siècles. Ainsi soit-il.

PRIÈRE

A NOTRE-DAME DE BONNE-DÉLIVRANCE.

Vierge sainte, je sais que je mourrai un jour, et peut-être bientôt ; si jamais j'ai eu besoin de votre secours, ce sera surtout dans ce dernier moment, où les ennemis de mon salut redoubleront leurs efforts pour me perdre. Toute ma vie, vous m'avez favorisé de votre protection ; vous m'avez comblé de vos bienfaits et vous vous êtes montrée ma tendre mère. Ne me délaissez pas à l'heure décisive et suprême, où j'aurai besoin, plus que jamais, de votre assistance. Je vous la demande avec toute l'instance dont mon cœur est capable ; venez alors à mon aide ; délivrez-moi des attaques du démon ; soutenez-moi dans les épreuves et les angoisses du dernier combat ; obtenez-moi la patience dans les douleurs, la grâce de recevoir le divin viatique dans des dispositions saintes ; enfin le bonheur de rendre le dernier soupir dans la grâce de Dieu, et de mourir de la mort précieuse des saints. Je ne mérite pas cette faveur après une vie si criminelle, mais je l'espère de votre bonté et de votre puissante intercession auprès de Dieu.

C'est dans ces sentiments que je vous adresse, dès à présent, la prière que l'Eglise met si souvent sur les lèvres des fidèles : *Priez pour nous, Vierge sainte, maintenant et à l'heure de notre mort ; montrez*, surtout alors, *que vous êtes ma tendre mère ;* adoucissez, sanctifiez mes derniers moments, et recevez vous-même mon âme entre vos mains pour la déposer dans le sein de son Créateur. *Ora pro nobis peccatoribus, nunc et in horâ mortis nostræ. Amen.*

PRIÈRE

A SAINT JOSEPH.

Glorieux saint Joseph, qui avez eu le bonheur ineffable et si digne d'envie de jouir à votre dernière heure de la présence de Jésus, qui vous honorait du doux nom de père, et de celle de Marie, votre tendre épouse ; vous qui avez été fortifié et consolé par eux dans votre agonie, obtenez-moi une grâce semblable, afin que, étant sorti victorieux des dernières attaques du cruel ennemi de mon salut, je termine tranquillement mes jours dans la paix du Seigneur. Illustre protecteur des agonisants, assistez-moi dans cet instant suprême, et faites que, par votre intercession, j'expire entre vos bras

10.

en prononçant ces paroles de salut : *Jésus, Marie, Joseph*, je vous donne mon cœur, je remets mon âme entre vos mains. Ainsi soit-il.

—

PRIÈRE

AUX SAINTS ANGES.

Esprits célestes et bienheureux ! ô vous qui avez été fidèles à Dieu dès l'instant de votre création ! ô pures intelligences ! souffrez que je m'adresse à vous pour obtenir, par votre médiation auprès du Seigneur, les grâces qui me sont nécessaires pour finir ma course par une mort précieuse à ses yeux. Obtenez-moi le bonheur de recevoir dans de saintes dispositions les sacrements que l'Eglise donne à ses enfants pour les soutenir dans ces derniers moments ; fortifiez-moi au temps périlleux de mon agonie ; défendez-moi contre ces esprits de ténèbres et d'iniquités que vous avez su vaincre si glorieusement dès le commencement du monde. Inspirez-moi des pensées d'une parfaite soumission aux ordres de Dieu, des sentiments d'une véritable contrition ; enfin, au moment de ma mort, recevez mon âme pour la présenter à son Créateur.

O mon ange protecteur ! ô mon fidèle gardien ! vous à qui la bonté suprème m'a confié, soyez aujourd'hui et à ma dernière heure ma lumière, mon guide et mon soutien tutélaire.

Et vous, prince de la milice céleste, glorieux saint Michel archange, à qui la Providence a remis les âmes des élus pour les défendre dans le combat et les conduire à la joie du paradis, ne me laissez pas succomber sous les efforts du dragon que vous avez vaincu, mais défendez-moi maintenant et à l'heure de ma mort.

—

PRIÈRE

POUR LES SALUTS DE LA BONNE MORT.

Je vous adore, ô vrai corps de Jésus ! né de la vierge Marie ;

Ave, verum corpus, natum
De Mariâ virgine ;

Qui avez vraiment souffert, et avez été immolé sur la croix pour le salut des hommes ;

Vere passum, immolatum
In cruce pro homine ;

Cujus latus perforatum
Unda fluxit cum sanguine

Dont le côté, percé d'une lance, a jeté du sang avec de l'eau.

Esto nobis præugustatum
Mortis in examine.

Faites-nous la grâce de vous recevoir en viatique à l'heure de notre mort.

O Jesu dulcis !
O Jesu pie !
O Jesu, Fili Mariæ, tu nobis miserere.

O doux Jésus !
O Jésus, plein de bonté !
O Jésus, Fils de Marie, faites-nous miséricorde !

Jesu, in agoniâ ab angelo confortate, miserere nobis.

Jésus, fortifié par un ange dans votre agonie, ayez pitié de nous.

Jesu, pro nobis crucifixe, miserere nobis.

Jésus, crucifié pour nous, ayez pitié de nous.

Jesu, pro nobis in cruce mortue, miserere nobis.

Jésus, mort pour nous sur la croix, ayez pitié de nous.

Ab improvisâ et malâ morte, libera nos, Jesu.

D'une mort imprévue et mauvaise, délivrez-nous, Jésus.

Per sanctissimam Passionem et mortem tuam, libera nos, Jesu.

Par votre Passion et votre très-sainte mort, délivrez-nous, Jésus.

Ut spiritum nostrum in manus tuas suscipere digneris, te rogamus, audi nos.

Daignez recevoir notre esprit entre vos mains, nous vous en prions, écoutez-nous.

Ut intra vulnera tua nos abscondere digneris, te rogamus, audi nos.

Daignez nous cacher dans vos plaies, nous vous en prions, écoutez-nous.

Jesu, Fili Dei et Mariæ virginis, te rogamus, audi nos.

Jésus, Fils de Dieu et de la vierge Marie, nous vous en prions, écoutez-nous.

Sancta mater, istud agas;
Crucifixi fige plagas
Cordi meo valide.

Mère très-sainte, ménagez-nous cette faveur. Imprimez vivement dans mon cœur les plaies de Jésus crucifié.

Per te, Virgo, sim defensus
In die judicii.

O Vierge, soyez ma défense au jour du jugement.

O A P Ω

ON recommande aux prières des
fidèles, Paul-Antoine-Léopold
Prince de BAUFFREMONT-COURTENAY et du SAINT-
EMPIRE, né à Paris, le 17 novembre 1825, mort à
Bastia, le 10 décembre 1842.

Il charma sa famille par les grâces naïves de
son enfance, édifia ses amis par la ferveur de sa
première communion et sanctifia sa mort par la
plus parfaite résignation. Cette fleur brisée lorsqu'elle s'ouvrait aux premiers rayons du soleil,
réclame un regret, des larmes et des prières.

Une mère, dont il faisait l'espérance et la joie,
demande pour elle et pour l'enfant éternel objet
de ses larmes, le secours des prières de l'Eglise ;
aux Prêtres, qui chaque jour récitent l'office divin
et célèbrent les Saints-Mystères.

Aux Anges du cloître, qui, prosternés nuit et
jour devant le très Saint-Sacrement, obtiennent
aux vivants la foi, la résignation, l'espérance ; aux
défunts le repos et la lumière éternelle.

Aux mères qui savent les trésors d'amertume
et de douleur inconsolable que renferme le cœur
d'une mère !

A tous les cœurs chrétiens auxquels la foi de
l'Église et la grâce de Dieu révèleront l'excellence
et le mérite de la prière pour les morts.

De Profundis.

IEU accepte plus facilement la prière faite pour
morts que celle faite pour les vivants; parce que ce
là en ont un plus grand besoin : ils ne peuvent pa
secourir eux-mêmes (SAINT THOMAS).

La plus divine des actions est de coopérer à l'action divine pou
salut des âmes (SAINT DENIS).

Chaque fois que vous délivrez une âme, c'est aussi agréable à N.
Seigneur que si vous le rachetiez lui-même de la captivité : il v
récompensera de ce bienfait en temps utile (SAINTE GERTRUDE).

Béni soit celui qui sur la terre aide les âmes du purgatoire par
prières et ses bonnes œuvres; l'infaillible justice de Dieu veut que
âmes soient purifiées par les peines du Purgatoire, ou plus promptem
encore, par les bonnes œuvres de nos amis (SAINTE BRIGITTE).

On ne saurait dire combien la très sainte Vierge se montre empre
à délivrer les âmes du Purgatoire : « Je suis, dit-elle à sainte Brig
leur mère : toutes les peines qu'elles endurent sont adoucies à ma pri

O Seigneur Dieu ! par votre incompréhensible puissance, récompe
au centuple ceux qui, par leurs suffrages et leurs bonnes œuvres, l
élèvent jusqu'à votre divine lumière, jusqu'à votre admirable vi
(SAINTE BRIGITTE).

O vous tous qui lisez ces touchantes paroles, daignez ne pas refus
la douleur des vivants, à la plainte des défunts, une courte prièr
surtout une fervente communion.

Pater. Ave. De Profundis.

Faites que la croix soit ma sauvegarde; la mort de Jésus mon soutien, et sa grâce ma consolation.

Quand mon heure sera venue, procurez à mon âme la gloire du paradis. Ainsi soit-il.

℣ Faites que je meure de la mort des justes.

℟. Et que ma dernière heure soit semblable à la leur.

PRIONS.

Seigneur Jésus, qui avez bien voulu mourir pour nous dans les cruelles douleurs de la croix, nous vous en prions par votre très-sainte agonie, accordez à vos serviteurs et à vos servantes, après leur mort, la grâce d'entrer dans les joies du paradis.

Seigneur Jésus, faites-nous sentir maintenant et à l'heure de la mort votre divine clémence, par l'intercession de la bienheureuse vierge Marie, votre mère, dont l'âme très-sainte a été percée d'un glaive de douleur dans le temps de votre passion : nous vous en prions, ô Jésus, sauveur du monde, qui vivez et régnez dans tous les siècles des siècles. Ainsi soit-il.

Fac me cruce custodiri,
Morte Christi præmuniri,
Confoveri gratiâ.

Quando corpus morietur,
Fac ut animæ donetur
Paradisi gloria. Amen.

℣. Moriatur anima mea morte justorum.

℟. Et fiant novissima mea horum similia.

OREMUS.

Domine Jesu Christe, qui inter acerbissimos crucis dolores pro nobis mori dignatus es, per sanctissimam agoniam tuam humiliter deprecamur ut famulos famulasque tuas post obitum suum paradisi januas ingredi gaudenter concedas.

Interveniat pro nobis, quæsumus, Domine Jesu Christe, nunc et in horâ mortis nostræ apud tuam clementiam beata virgo Maria, mater tua, cujus sacratissimam animam in horâ passionis tuæ doloris gladius pertransivit. Per te, Jesu Christe, salvator mundi, qui vivis et regnas in sæcula sæculorum. Amen.

TESTAMENT SPIRITUEL

DE SAINT FRANÇOIS DE SALES.

AUX AMES DÉVOTES.

Après avoir flotté dans la mer du monde, et essuyé tant de périls que la tempête et les écueils de la vanité font naître pour le naufrage, je me présente à vous, ô mon Dieu! pour vous rendre compte du talent que votre bonté infinie m'a donné. Je vois maintenant la terre que j'ai compassion de laisser derrière moi, les hasards que courent les mortels. Que les charmes du monde sont fallacieux! que ses attraits sont puissants! que ses amorces sont flatteresses! que son miel semble doux aux premières atteintes, mais que son fiel est aigre!

Où êtes-vous, âmes dévotes? A la mienne volonté que vous puissiez m'accompagner en ce passage, ou que je puisse être compagnon de vos saints exercices! Préparez-vous pour aller à la Jérusalem céleste : voici l'effet de la vie. La vie ne fait point d'autres outrages que celui de la mort, et une dévotion bien réglée ne produit autre chose que la vie éternelle. Voici l'automne où l'on recueillera les fruits de l'éternité : cette plante qui a reçu son accroissement du ciel sera cueillie bientôt, et les mortels n'en verront plus en terre que la racine, les tristes dépouilles de la corruption ; la fleur que le soleil a peinte de diverses couleurs se fane bientôt.

Considérez que la vie fuit comme l'ombre, passe comme un songe, s'évapore comme une fumée, et que l'ambition humaine ne peut rien embrasser de solide. Tout est passager : le soleil, qui se lève sur notre horizon, précipite sa course et talonne la nuit ; et la nuit sollicite la lumière de venir pour faire rouler les plus belles parties de cet univers au néant. Les rivières coulent à grosses ondées, comme si la mer, qui est leur centre, leur devait donner repos ; la lune paraît au ciel, tantôt pleine, tantôt en son décours, et semble qu'elle se plaise comme si elle devait finir là ses labeurs et son cours.

L'hiver dépouille les arbres de leur honneur, pour nous faire leçon de la mort.

Je ne tiens plus à la vie par aucun rapport ni affection. J'ai tout résigné mes volontés entre vos mains, ô mon Dieu ! vous m'avez appris à mourir il y a longtemps. Les ressentiments du monde qui sont morts en moi m'ont fait leçon de la mort, les mortifications de l'esprit ont assoupi mon corps. Je ne vivais pas, puisque j'étais mort par dessein et par règlement ; je n'estimais point de vie que celle qui est en vous. Je ne pouvais pas me dire en vie, puisque toutes mes intentions étaient d'éteindre le feu qui fait la vie des mondains, pour la comparer à une mort, ou plutôt à un doux sommeil, où je m'efforçais de me joindre à vous, et m'approcher de la vie éternelle.

Mais, ô mon Dieu ! que mes desseins étaient vains et fallacieux. Je ne considérais pas qu'il me fallait mourir actuellement pour avoisiner votre grandeur et jouir du contentement de la béatitude. Maintenant à la dissolution, les ravissements d'esprit m'en présentent un échantillon. Je n'ai plus foi dans mes extases, car je vois ; je n'ai plus d'espérance, car je commence à posséder ; et la charité seule me reste pour me joindre à vous, qui êtes la charité même d'où sort un feu d'amour qui embrase les cœurs des âmes dévotes ; et comme le feu, de sa nature, monte toujours en haut, ainsi mon cœur, qui en tient, s'envole à vous ; et tant plus je sens les forces de mon corps s'affaiblir, tant plus mon esprit se fortifie et se délivre de la prison du corps, et en cet état je vois comme dans un miroir ce qui est de la béatitude.

Que les contentements et les délices d'une âme qui est en la grâce de Dieu sont indicibles ! Les plaisirs sensibles apportent la satiété, témoignage de leur imperfection ; mais les contentements de l'âme sont infinis, donnent toujours de l'appétit, et ne se lassent point de la jouissance, pour ce qu'ils n'ont point de fin et ne sont point bornés par les sens et par les objets. Sortons donc de ce monde, et montons au ciel par le secours de la miséricorde de Dieu.

Et vous, âmes dévotes, n'êtes-vous pas contentes de me suivre ? appréhendez-vous ce passage ? N'êtes-vous pas déjà mortes en Dieu, pour ressusciter glorieuses ? Puis-je croire que vous soyez en vie, puisque vous êtes sans volonté et sans affection, ayant renoncé à vous-mêmes pour embrasser la parole et les commandements que le ciel vous a dictés ? Craignez-vous le mal qui arrive à la dissolution ? considérez que Notre-Seigneur a souffert tant de peines pour vous. Appréhendez-vous de quitter le fatras de ce monde, où la vanité règne, où l'avarice ternit les plus belles vertus, où l'infidélité tient l'empire avec tyrannie, où le vice a dompté la vertu et remporté le prix d'honneur, où l'on boit les péchés comme l'eau, où les justes voient des échantillons de l'enfer et de l'abomination ? Retirez-vous de ses lacs, dépouillez-vous de ses ressentiments, pour aller en un lieu où il y a un printemps éternel, où l'on ne voit pas les tristes et horribles fantômes de la privation.

Combien de fois ai-je désiré communiquer avec vous ! Mais parce que ce dessein ne pouvait être exécuté, j'ai parlé à vous par écrit pour vous instruire à la dévotion. Allons donc, chères âmes, ne nous arrêtons plus aux allèchements de la vanité ; il y a là-haut un bien solide et permanent qui enivre les âmes d'une ambroisie si douce, qu'à peine connaît-on leur

jouissance, tant les contentements les possè-
dent.

N'êtes-vous pas lassées de voir couler les rivières dans l'Océan, les saisons de l'année s'en-
tre-suivre d'un ordre infaillible ? N'êtes-vous
pas contentes d'avoir cueilli les fleurs du printemps, et goûté les fruits de l'automne ? N'est-
ce point assez d'avoir foulé les roses et les lis,
et en avoir parsemé la couche de votre sensualité, et gratifié votre amour de l'odeur de ces
plantes ? Ne suffit-il pas d'avoir vu tant de so-
leils, tant de jours et tant de nuits ? Pensez-vous
que les arbres de la forêt produisent d'autres
feuillages, et qu'il y ait une autre production
en la nature ? Les feux qui étincellent au ciel
ne donneront point d'autre lumière.

Quittez donc le monde, âmes dévotes. Que si
vous attendez la volonté de Notre-Seigneur, au
moins préparez-vous à recevoir l'ordonnance
du ciel sur ce sujet. Ayez toujours la conscience
en état, pour rendre compte de vos actions ; et
vous imaginez que le jugement est à toute
heure sur vous ; qu'il ne faut qu'un petit soupir pour subir la sentence ; qu'une syncope
nous peut abattre et nous mettre en état que

nous ne pourrons nous reconnaître. La fleur qui au matin est éclose est au soir passée et fanée ; la vie ne tient à rien. Considérez que la mort vous peut saluer au matin ou au soir, pour faire un rapport de votre couchant à celui du soleil ; que dedans les jardins du monde, sous les roses et les lis, la mort y est cachée comme un serpent dans les prés.

Maintenant, ô âmes dévotes ! qu'il faut quitter le monde, que vous donnerai-je par mon testament ? Je sais que vous méprisez la jouissance des biens de la fortune, que vous les estimez ennemis de la piété et de la dévotion, en tant qu'ils détournent du service de Dieu, et qu'ils attachent trop les volontés à la possession, qu'ils produisent toujours l'avarice, mère de tous les vices ; joint aussi que vous avez par dessein épousé la pauvreté : c'est pourquoi il faut vous enrichir des biens spirituels.

Je vous donne donc et lègue l'humilité, la pierre de touche de la vraie dévotion, qui discerne l'hypocrisie d'avec la piété, la mère des vertus, celle qui toujours travaille à la réformation de sa vie, au règlement de ses actions, et qui a toujours pour compagne la charité.

Oh ! qu'il est aisé, ô âmes dévotes, d'avoir les autres vertus ! qu'il est facile de croire, d'espérer et d'être charitable ! Mais quand il faut épouser l'humilité chrétienne, pardonner à ses ennemis, se rabaisser en dérogeant à l'honneur de sa condition, mortifier son esprit, oh ! que la nature pâtit, qu'elle souffre d'efforts ! Que l'homme est difficile à détruire de ce côté-là ! Que ses mouvements naturels reçoivent de contrainte, quelle violence il fait à soi-même, quand il faut que sa grandeur se raccourcisse, que sa raison succombe sous la rigueur de la justice !

Plutôt les rivières retourneront à leurs sources, le pesant montera en haut, plutôt le soleil perdra sa lumière, qu'une âme médiocrement à la dévotion puisse avoir cette perfection. Elle n'appartient qu'à celles qui sont du tout confites à l'amour de Dieu, qui sont déjà détruites par les mortifications, qui ont oublié le monde, qui ne sont point idolâtres de leur être, mais, au contraire, qui le foulent aux pieds par austérité.

Pensez-vous, ô âmes dévotes ! pouvoir endurer cet examen ? Je le veux croire, puisque

je vous donne cette vertu : je pense que vous
l'accepterez et pratiquerez.

Et vous, ô mon Dieu ! je ne vous donnerai
point mon âme ; car il y a longtemps que vous
l'avez achetée au prix de votre sang, vous l'a-
vez retirée de la captivité du péché et de la
mort. Elle sera bien·heureuse si vous la recevez, lui pardonnant ses fautes.

O grand Dieu ! c'est maintenant qu'il faut
rendre compte. La justice de vos jugements me
fait appréhender, mais votre miséricorde infinie
me donne espérance. Je me jette entre vos bras,
pour impétrer le pardon ; je me jetterai à vos
pieds et les arroserai de mes larmes, j'en ferai
couler un ruisseau qui sera témoignage de mon
repentir, afin que je puisse par votre bonté infinie recevoir les effets de votre miséricorde.

PRÉPARATION PROCHAINE

A LA MORT.

Beati mortui qui in Domino moriuntur.

Heureux sont les morts qui s'endorment dans le Seigneur.

Apoc., XIV, 13.

RÉFLEXIONS

SUR L'AGONIE DE JÉSUS-CHRIST,

PAR BOSSUET.

Pater, in manus tuas commendo spiritum meum.

Mon père, je remets mon esprit entre vos mains.

Luc., XXIII.

Ce qui s'appelle agonie, selon l'usage ordinaire, c'est cet intervalle de temps qui se passe depuis que l'âme, forcée de se séparer du

11.

corps, vient se retirer au cœur, qui meurt le
dernier, jusqu'à ce qu'elle s'en sépare effectivement par la mort.

Comme Jésus-Christ, dans sa Passion, voulut que la nature humaine, dont il s'était revêtu, fît en lui à la mort ce qu'elle fait dans
les autres hommes, et souffrît sur la croix cette
agonie, ce fut dans les derniers moments qui
se passèrent entre la plus belle de toutes les
vies et la plus précieuse de toutes les morts,
qu'il éprouva le dernier effort de la nature ;
lorsque, ayant remis son esprit entre les mains
de son Père, sa tête, pour donner passage à son
âme vers son cœur, se baissa ; et son âme divine, s'y étant, en effet, retirée tout entière, s'en
sépara pour s'y réunir au troisième jour par sa
glorieuse résurrection.

Les chrétiens ont un si grand intérêt à savoir
les mystères, et à prendre les sentiments et les
dispositions de Jésus-Christ, leur adorable Sauveur, dans tous ses états, qu'ils devraient sans
cesse s'y appliquer ; mais surtout à ces grands
et terribles mystères de sa Passion et de sa
mort, par lesquels il a consommé l'œuvre de
notre salut éternel par la rédemption, et ter-

miné sa très-sainte vie. Puisque, de tous les temps, il n'y en a point de plus important que celui de la mort, qui est celui de la décision de notre sort pour toute l'éternité , c'est aussi celui sur lequel Dieu et le démon ont de plus grands desseins pour ou contre nous ; c'est enfin celui où l'on peut réparer toutes les pertes passées, puisque n'y ayant alors rien de médiocre dans les sentiments de l'âme, c'est le temps de pratiquer les plus hautes vertus d'une manière grande et héroïque, sur le modèle de celles que le Fils de Dieu a voulu y pratiquer pour notre exemple.

C'est l'opinion de plusieurs célèbres docteurs, et même de quelques saints Pères, que le démon, qui avait tenté lui-même Jésus-Christ au désert, fit encore visiblement un dernier effort lorsqu'il le vit attaché à la croix ; ou pour reconnaître avec certitude s'il était effectivement le Messie promis et le libérateur du genre humain, ce qu'il craignait infiniment; ou, s'il ne l'était pas, pour le surprendre et pour lui faire commettre quelques péchés qui rendissent sa mort criminelle ou moins parfaite. Cette opinion a beaucoup de vraisemblance ; car cet esprit infernal, remarquant tant de sagesse, tant de courage, tant de sainteté en Jésus-Christ dans le désert, désespéra pour lors de le vaincre, et *se retira*, dit saint Luc ; *mais ce ne fut que pour un temps* (1).

Si nous cherchons ce temps auquel Satan ranima toutes ses espérances et sa rage par de nouveaux efforts, nous l'apprenons du Sauveur même. Car dans cet admirable discours qu'il fit à ses apôtres dans le cénacle, immédiatement après l'institution de la divine eucharistie, et avant que de partir pour aller au jardin des Olives, il leur dit : *Voici le prince du monde qui va venir, et il ne trouvera rien en moi qui lui appartienne* (2). Ce fut peut-être pour le surprendre d'une manière qui confondît davantage sa fausse et maligne prudence, que le Fils de Dieu s'écria sur la croix : *Mon Dieu ! mon Dieu ! pourquoi m'avez-vous abandonné* (3) ? Le démon n'en pénétra ni le sens ni le mystère ; il crut, comme il l'a inspiré depuis à un hérésiar-

(1) Luc., iv, 13.
(2) Joan., xiv, 50.
(3) Matth., xxvii, 46.

que, que c'était un désespoir, étant pris lui-même au piége qu'il tendait au Sauveur, et qui lui fut un sujet d'aveuglement. Il se trouva donc vaincu par un triomphe d'amour, de puissance et de sagesse, au moment qu'il se croyait victorieux. On peut même, sans forcer les paroles, tirer cette opinion de saint Paul aux Colossiens : *Que Jésus-Christ vainquit en lui-même, et mena en triomphe sur la croix les principautés et les puissances de l'enfer* (1). Ce terme, *en lui-même*, paraît nous devoir faire conclure que le combat se fit en lui-même, et qu'il fut attaqué sur la croix, soit que le démon eût reçu le pouvoir de faire quelque impression sur l'imagination du Sauveur, ou que toute cette tentation demeurât au dehors et se bornât à des efforts inutiles. Le démon se mit dans la partie avec les Juifs et avec les Gentils, et se présenta dans l'agonie de Jésus-Christ pour l'y attaquer et l'y renverser.

Mais de ces mêmes paroles de l'Apôtre, les enfants de la nouvelle alliance tirent un grand sujet de confiance et de consolation ; car il n'est

(1) Coloss., ii, 15.

pas dit seulement que le Sauveur vainquit les puissances infernales, il est encore ajouté qu'il les désarma. Les démons peuvent donc bien nous attaquer dans ces derniers moments de la vie, comme ils attaquèrent Jésus-Christ; mais étant sans armes, sans courage et sans force contre ceux qui s'appuient sur le secours d'un si puissant défenseur, ce n'est qu'une rage impuissante, laquelle jette dans l'air des feux et des flèches qui retombent sur elle. Si l'on menace tant les pécheurs du pouvoir et de la malice de Satan, ce ne sont que ceux qui jusque-là lui ont donné sur eux ce pouvoir, et se sont mis à son égard dans une espèce de servitude dans laquelle il les surprend. Ils ont bien voulu être surpris dans son esclavage, ils s'y sont exposés librement en voulant bien risquer leur salut. Ils peuvent, il est vrai, échapper alors à ce pouvoir; mais ce n'est que par une grâce privilégiée d'une puissance extraordinaire, qu'il ne faut pas se promettre, parce que Jésus-Christ ne l'a jamais promise, qu'il a même menacé du contraire, en répétant si souvent, dans son Evangile, que l'on veillât et que l'on se tînt prêt (1) ; car cette grâce s'étend, en effet, sur bien moins de personnes qu'on ne pense, même de celles qui meurent au milieu des prêtres et avec les sacrements.

Mais pour ceux que la dernière maladie trouvera dans l'union avec Jésus-Christ, qui portent les chaînes sacrées qu'il donne à ceux que la charité fait ses esclaves et qui sont dans son parti, comme étant les enfants de Jérusalem et non pas de Babylone, c'est un droit que la victoire de Jésus-Christ leur a acquis pour ces derniers moments, que d'être hors de la portée des flèches du démon. Sa victoire a accompli la leur en conséquence ; c'est pour eux comme pour lui qu'il a vaincu et triomphé, parce que c'est plutôt pour eux que pour lui qu'il a désarmé cet ennemi désespéré.

C'est enfin, en un sens, pour eux comme pour lui qu'il a dit que *le démon n'a nul pouvoir sur lui* (2), parce qu'étant sous la protection et sous la puissance du vainqueur, le vaincu ne trouve rien en eux qui lui appartienne.

(1) Matth., XXIV, 42 ; Marc., XIII, 33 et seq. ; Luc., XII, 37 et seq.
(2) Joan., XIV, 30.

Cette victoire du Fils de Dieu à l'agonie et sur la croix, de quelque manière qu'on la comprenne, est un des plus grands bienfaits dont les chrétiens lui soient redevables ; car qui pourrait échapper, dans ces moments de faiblesse, à la rage d'un ennemi si puissant et si rusé ? Ce doit donc être là un des principaux objets de la dévotion de ceux qui veulent rendre un hommage singulier à ce dernier état de la vie du Sauveur ; ils doivent adorer cette puissance victorieuse et ce triomphe de Jésus-Christ sur la croix. S'il leur paraît alors agonisant, il doit être vu, des yeux de la foi, comme triomphant dans son agonie, et triomphant déjà par avance pour eux quand ils seront en cet état. Ils doivent se pénétrer de reconnaissance pour un si grand bienfait ; se persuader du besoin qu'ils ont, pour avoir part à ce privilége et à ce droit, de vivre sous la puissance et dans le parti de Jésus-Christ, afin de n'être pas surpris dans un assujettissement contraire, qui ferait alors toute la force de Lucifer. Il faut qu'ils demandent à cet adorable victorieux, avec une humble instance, qu'il les associe à sa victoire et à son triomphe ; en un mot, ils doivent, par une entière confiance à cette victoire à laquelle ils ont droit, calmer toutes les agitations qu'une crainte trop vive de la mort, du démon, de leurs péchés passés et des jugements de Dieu, pourrait faire dans leur cœur en affaiblissant la foi.

Si c'est une grâce de l'agonie du Sauveur que de rendre vains les efforts de Satan dans un temps ou la raison, obscurcie, affaiblie et préoccupée, aurait peine à s'en défendre, ou, pour mieux dire, ne s'en défendrait pas ; c'est encore une plus grande grâce que d'associer cette âme, par un droit d'union, de société et de commerce entre le chef et les membres vivants, aux emplois divins de l'âme de Jésus-Christ et aux vertus héroïques qu'il pratiqua dans cet état. Le Sauveur s'était chargé, non-seulement des péchés, mais aussi de tous les intérêts, des obligations et de tous les devoirs de ses enfants et de ses véritables membres mystiques. Leur agonie était à la croix distinctement présente aux yeux de son cœur ; il prévit le genre de maladie dont ils devaient mourir, et comme il n'ignorait pas combien les douleurs et les symptômes d'une maladie violente ou précipitée lieraient avec les sens les plus nobles puissances de l'âme, et les rendraient faibles et impuissantes dans leur abattement, qui pourrait comprendre l'étendue et l'effort de la charité avec laquelle il regarda leur agonie comme inséparable de la sienne ? Tout ce qu'il fit alors, il le fit en acquit de leurs obligations et en supplément de ce qu'ils ne pourraient faire en ce temps. Il consacra en lui la peine naturelle que l'âme ressent quand elle est frappée des sombres et affreuses idées d'une séparation inévitable ; il la sanctifia dans un esprit de soumission et de pénitence, de sacrifice et d'hommage à la souveraineté de son Père. Il offrit cette agonie de ses enfants et toute sa suite par un mouvement d'amour qu'il leur communiqua dès lors, s'ils sont en état d'y avoir part, et dont il leur fit le transport aux yeux et dans le sein de son Père, en supplément de leur impuissance, si leur raison obscurcie les rendait incapables d'entrer actuellement dans ses dispositions. S'ils ne peuvent les avoir en eux-mêmes, ils les ont en Jésus-Christ ; et les avoir en lui, c'est les avoir en soi, par le droit de la société que la grâce de leur union avec lui met entre lui et eux.

Que de grandeurs ! que de priviléges de grâce ! que de miracles d'amour qu'on ne connaîtra qu'après la mort ! Le chrétien les trouve en Jésus-Christ ; et que ceux-là sont malheureux que le péché mortel excommunie, tient séparés de lui et prive de ces avantages merveilleux en ces derniers moments ! Quelles pertes ! quelles angoisses ! quelles suites de justes frayeurs ! Il faut tirer trois instructions de ce principe, qui est une vérité constante dans la foi et très-bien établie dans les saintes Ecritures. Comme c'est au même degré que la grâce aura uni les âmes à Jésus-Christ, et les aura fait participer à ses sentiments et à son esprit, qu'elles auront part à ce divin supplément, qui, dans la faiblesse où la maladie réduit, doit être d'un grand secours ; il est donc d'une conséquence infinie de s'appliquer pendant la vie à se remplir de cet esprit, en prenant les mesures de sa conduite sur les sentiments, les maximes et les exemples du Sauveur.

Il est vrai que le moindre degré de la grâce justifiante, qui lie l'âme à Jésus-Christ, la rend participante de tout ce qu'il fait pour elle dans cet état. C'est toujours là un grand fonds de consolation pour tant d'âmes, que leur simplicité rend ignorantes des grandeurs de Dieu et du christianisme, et que l'on ne peut même en informer, parce qu'une éducation grossière et rustique les en rend incapables, et que la misère et la nécessité de leur condition leur font compter les heures du jour par celles de leur travail. Ces âmes, si elles ont observé la loi de Dieu selon le degré de leur lumière, trouveront en Jésus-Christ ce supplément en proportion de leur bonne foi et de leur innocente simplicité. C'est ce qui sanctifie leur mort, quoique les prêtres, qui seraient peu instruits de ces sentiments, ne les leur inspirent pas. La vertu de Jésus-Christ n'est bornée ni aux sacrements, ni aux ministres, ni à la connaissance de ceux qui y sont intéressés. Il nous fait du bien sans nous le dire, parce qu'étant le Verbe et la parole du Père, il nous le dira pour nous charmer durant toute l'éternité. Cependant, il n'est pas moins vrai que ces grands priviléges d'amour se communiquent aux âmes avec des effusions beaucoup plus riches et plus abondantes, à qui une union plus étroite d'esprit et de sentiment y donne droit. Ce lien, qui est aussi un canal de communication, à mesure qu'il sera fort et qu'il sera grand, portera, du cœur de Jésus-Christ dans l'âme fidèle, des gouttes, des ruisseaux, des torrents, des fleuves entiers de grâce et de miséricorde.

L'autre instruction est qu'au lieu d'embarrasser, par un zèle mal entendu, les âmes agonisantes de mille actes confus, au hasard de l'imagination, il faut les faire entrer doucement, de temps en temps, dans la vue de ce que Jésus-Christ leur est et de ce qu'elles lui sont ; leur insinuer, par cette vue, une entière confiance en lui et en ce qu'il a fait pour elles ; le leur faire voir agonisant avec elles, et se chargeant de leurs intérêts et de leurs obligations ; exciter en elles le désir d'union et de société avec lui dans toutes les dispositions de son agonie et de sa mort ; et si on leur fait produire des actes de contrition, de soumission, de confiance, d'amour, qu'on ne les sépare jamais de Jésus-Christ dans ces actes ; mais qu'on leur dise, par exemple : « Le cœur sacré de Jésus-Christ a été rempli dans sa Passion de la douleur de vos péchés ; il faut participer à cette douleur, il faut s'y unir et la demander, l'offrir en supplément de la faiblesse de la vôtre. Prenez pour modèle la soumission de ce divin Sauveur, qui, en acceptant et offrant sa mort, a accepté la vôtre et l'a offerte à son Père. Il lui a remis entre les mains votre vie en lui remettant la sienne ; il l'a fait en votre nom et en acquit de votre obligation. Il faut donc dire avec lui, et avoir intention de le dire dans tous les sentiments dans lesquels il l'a dit : *In manus tuas, Domine, commendo spiritum meum* (1). »

C'est ainsi qu'il faut rendre conforme, autant qu'on peut, l'agonie des âmes chrétiennes à celle du Fils de Dieu, leur unique exemplaire, leur chef et leur espérance. Il n'y a presque autre chose à faire, si l'on suppose des âmes qui aient fait pendant leur vie une attention principale et souveraine à leur salut ; car pour celles qui ont besoin qu'on s'applique alors à l'essentiel, à étonner leur insensibilité, à développer les replis corrompus de leur conscience, à réconcilier, à restituer, à réparer des scanda-

______
(1) Luc., XXIII, 46.

les, il faudrait tenir un autre langage ; mais ce ne sont pas de pareilles âmes que nous avons ici en vue.

Enfin la troisième instruction, qui regarde la dévotion à l'agonie de Jésus-Christ, c'est qu'il faut adorer tous les mouvements de son divin cœur en cet état, s'y consacrer, en implorer la puissance et la vertu, s'y unir de toute son âme par avance pour ces moments-là ; et comme ces mouvements du sacré cœur de Jésus-Christ sont renfermés et exprimés prophétiquement, pour la plupart, en mêmes termes qu'il les exprima sur la croix, dans les Psaumes xxi et xxx, ce doit être l'application de l'âme de les prononcer souvent de cœur et de bouche, parce que le Sauveur l'a fait ; et, si elle ne peut les dire tout entiers, d'en prononcer au moins les principaux versets.

La dévotion à l'agonie du Fils de Dieu doit aussi appliquer l'âme singulièrement à cette grande et importante parole, qui fut la dernière qu'il proféra : *Consummatum est* (1). Cette parole est comme le sceau du nouveau testament

(1) Joan., xix, 30.

et de la nouvelle alliance ; mais sans entrer dans tous les sens dans lesquels on la peut entendre, en voici un de pratique, et qui est très-propre à notre salut et à notre sujet.

Il n'y a rien de plus grand dans l'univers que Jésus-Christ ; il n'y a rien de plus grand dans Jésus-Christ que son sacrifice, et il n'y a rien de plus grand dans son sacrifice que son dernier soupir, et que le moment précieux qui sépara son âme très-sainte de son corps adorable. Ce fut dans cet instant fatal à l'enfer, et infiniment favorable à l'Eglise, que toute la vieille loi étant finie, et toutes les promesses du testament étant confirmées, ce qui ne se pouvait accomplir que par l'achèvement du sacrifice du médiateur ; tous les anciens sacrifices des animaux perdirent alors leur vertu ; tous les enfants des promesses prirent alors leurs places avec le Sauveur, et, devenant des victimes, leur mort, qui n'aurait pu être jusque-là qu'une peine du péché, fut changée, dans celle de Jésus-Christ, en nature de sacrifice.

Tout est consommé, nous crie-t-il, et les digues de mon cœur étant levées, mon amour va répandre sans bornes, dans tout l'univers, la vertu de mon sacrifice. *Tout est consommé*, et la mort de mes membres mystiques, étant unie à la mienne, ne sera désormais que l'accomplissement de mes promesses et de mes desseins sur eux. *Tout est consommé*, et la consommation de leur vie, dans leur dernier moment, doit recevoir de ma mort la vertu d'être un sacrifice parfait, qui rende hommage à toutes les perfections de la Divinité. C'est dans ce sens que l'Apôtre l'a compris quand il dit aux Hébreux que *le Sauveur, par une seule oblation, a consommé pour toujours ceux qu'il a sanctifiés* (1); c'est-à-dire que la mort des vrais chrétiens, consacrés dans le baptême pour être des victimes, est devenue dans celle de Jésus-Christ un sacrifice parfait, et que, de son oblation et de la leur, il ne s'en est fait qu'une seule oblation.

Voilà le terme de la grâce des sacrements et de toute la religion. C'est donc là que toutes les agonies se terminent ; c'est le grand sacrifice de Jésus-Christ qui en est le préparatif, et, si on l'ose dire, le pompeux appareil. Jésus-Christ

____

(1) Hebr., x, 14.

en est le souverain prêtre ; n'y envisageons rien de naturel, et un des grands emplois de sa sacrificature, jusqu'à la fin des siècles, sera de renouveler et de perpétuer son sacrifice, non-seulement dans le mystère de la divine eucharistie, mais encore dans la mort de tous les vrais fidèles.

C'est dans cet esprit qu'il faut recevoir le saint viatique. Le grand pontife de la loi nouvelle se transporte pour cela dans son temple, c'est-à-dire dans le corps et l'âme du chrétien ; il y offre, premièrement, le sacrifice de lui-même, y étant en état de victime par le sacrement, et y représentant cette destruction, qui se fit sur le Calvaire, de sa vie naturelle. Il exerça alors singulièrement auprès de son Père le grand emploi de sa médiation, y traitant avec lui de tous les intérêts éternels de ses élus ; et tout cela se fait dans l'âme et le corps du fidèle même ; et celui qui est le temple du sacerdoce de Jésus-Christ, pour ces augustes usages et ces divines fonctions de son sacerdoce, devient aussi prêtre et victime avec lui.

C'est en dernier ressort que le pontife souverain prend possession de la victime dans ce sacrement ; qu'il consacre sa mort ; qu'il devient lui-même le sceau, qui est la marque du caractère de victime ; et qu'usant de ses droits sur une vie qui lui appartient, il se sert de la maladie comme du couteau et du glaive, avec lequel il égorge et immole cette hostie. Ainsi le chrétien s'unissant alors, non-seulement au corps adorable de Jésus-Christ dans son sacrement, mais encore à son esprit et à son cœur ; entrant par soumission et par adhérence dans tous ses desseins, voulant disposer de son être et de sa vie, comme le grand sacrificateur en dispose, devient prêtre avec lui dans sa mort, et achève, dans ce dernier moment, ce sacrifice auquel il avait été consacré au baptême, et qu'il a dû continuer tous les moments de sa vie.

C'est ainsi que la vérité de ces paroles : *Consummatum est*, s'accomplit dans les membres comme en Jésus-Christ leur chef.

L'extrême-onction contribue encore à la perfection de ce sacrifice, et c'était l'ancien usage de l'Eglise de la donner, avant le saint viatique, à ceux qui avaient perdu par des crimes l'innocence de leur baptême, et avaient été assujettis à la pénitence canonique ; car, quoiqu'on supposât que le sacrement de la réconciliation leur avait rendu la grâce, l'on savait cependant que les crimes laissent ordinairement dans l'âme certains vestiges, certains déréglements qui sont des impuretés ou des taches. Or, il faut à Dieu, qui est infiniment pur, des victimes pures et sans défaut. Ce sacrement, et la grâce qu'il communique, était en partie pour rendre la victime pure ; c'est pourquoi il précédait le saint viatique, afin que le grand prêtre, trouvant la victime pure en état d'être sacrifiée, pût la présenter toute pure à son Père par l'oblation, avant que de l'immoler par la mort.

Mais, quoique l'on donne ce sacrement après l'eucharistie, l'on doit toujours le donner dans ce sentiment, y avoir en vue l'infinie pureté de Dieu, et aspirer à cette grâce de pureté, dont le caractère est d'ôter de la victime les impuretés et les taches qui rendent sa vie moins propre et moins digne d'être immolée à un Dieu si pur et si saint.

Une compagnie de fidèles qui assistent à la réception de ces sacrements et à l'agonie d'une âme, un prêtre qui tient lieu de Jésus-Christ

comme son ministre, ne doivent-ils pas détourner leur esprit de tout ce qui frappe les
sens pour ne se remplir que de l'idée d'un sacrifice où celui du Sauveur va se renouveler,
et auquel ils doivent concourir chacun en leur
manière ? Dieu nous fasse la grâce d'entrer dans
ces vérités et d'en être remplis à la mort. *Amen.*

PRIÈRE.

En union et hommage des trois heures de vos
extrêmes langueurs et des douleurs de la séparation de votre âme très-sainte d'avec votre
corps adorable, ô Jésus ! je vous consacre ma
dernière agonie et les douleurs de ma mort.
Faites, mon cher Sauveur, que mon âme soit
entre vos mains toute couverte de vos infinies
mérites et de votre précieux sang ; que mon
dernier instant honore le vôtre, et que le dernier mouvement de mon cœur soit un acte de
votre très-saint et très-pur amour. Je réitère
de tout mon cœur la protestation que j'ai faite
tant de fois, que je déteste tous mes péchés et
tout ce qui vous déplaît ; que je vous aime par-
dessus toutes choses ; que je vous rends grâces

de tous vos infinis bienfaits ; que je veux être à jamais uni à vous, et que je mets en vous seul, et par vous, en votre Père, toute ma confiance, et que j'espère mon salut de son éternelle miséricorde ; par vos souffrances et par votre mort. O Jésus ! victime sacrée, seule digne de Dieu, daignez nous joindre et nous unir à votre sacrifice.

O Jésus ! vous êtes le refuge et le salut des pécheurs ; soyez le mien, et dites à mon âme : « Je suis ton salut. » Mettez votre croix, votre mort et votre Passion entre nous et vos divins jugements, afin de nous faire grâce et miséricorde. O divine Marie ! ouvrez-nous votre sein maternel ; recevez-nous en votre protection toute-puissante ; mettez-nous dans le cœur adorable de Jésus-Christ votre Fils. O grand saint Joseph, saint Michel, saint Gabriel, saint Raphaël, tous les anges et saints, intercédez pour nous, maintenant et à l'heure de notre mort ! *Amen* (1).

(1) Bossuet, *Opuscules.*

PRATIQUES

POUR LE TEMPS DE LA MALADIE,

PAR LE PÈRE J. RIGOLEU.

Dieu nous envoie les maladies :

Pour nous détacher de la vie et des faux plaisir du monde ;

Pour nous faire connaître le néant et la vanité des choses humaines ;

Pour nous faire rentrer saintement en nous-mêmes, et nous porter à nous convertir ;

Pour nous donner les moyens d'expier nos péchés ;

Pour nous faire pratiquer les vertus chré-tiennes ;

Pour nous préparer à l'éternité.

Au commencement de la maladie, j'en accepterai toutes les suites, et je me résignerai aux souffrances du corps et de l'esprit, à l'agonie de la mort, et à la mort même s'il plaît à Dieu de me l'envoyer. J'adorerai le souverain domaine qu'il a sur notre existence. Je reconnaîtrai sa providence sur la mienne, et je me réjouirai de voir que sa justice s'exerce sur mon corps, comme sur un complice de la rébellion d'Adam. Afin de donner du mérite à mes douleurs, je les unirai avec respect aux tourments et à la mort de mon Sauveur, me proposant ses souffrances pour modèle des miennes, et prenant sa Passion pour l'entretien ordinaire de mon esprit.

Dans le progrès de la maladie, il faut observer trois choses : la pratique des vertus extérieures, l'entretien intérieur, et l'usage des sacrements.

1o La pratique des vertus extérieures.

La première et la plus nécessaire est la patience. Je la montrerai en souffrant sans murmure, avec calme, et, autant que possible, sans jamais exhaler aucune plainte. J'accepterai les remèdes qui me seront proposés, comme si Dieu même mè les présentait, surmontant généreusement ma répugnance naturelle, et pensant au fiel dont Notre-Seigneur fut abreuvé dans sa Passion. Je me soumettrai aux volontés des médecins et des personnes qui me soigneront, m'abandonnant entre leurs mains, comme si j'étais déjà un corps mort, et de la même manière que mon Sauveur se laissa renverser, étendre et clouer sur la croix.

La seconde vertu extérieure est la fidélité aux pratiques de la piété chrétienne. Je m'appliquerai à nourrir ma foi par de fréquentes oraisons jaculatoires, par des entretiens pieux, par des lectures spirituelles, et par tous les exercices religieux compatibles avec ma maladie.

La troisième est la modestie. Je la pratiquerai en exerçant une extrême vigilance sur moi-même, en évitant la mollesse et les soins superflus.

2° Pour ce qui est de l'entretien intérieur, il aura pour objet les actes de vertu, et les sentiments les plus propres à consoler et à fortifier mon âme contre les tentations.

Sentiment de foi et protestation de vouloir vivre et mourir fils de la sainte Vierge et de la sainte Eglise.

Sentiment d'humilité fondé sur la vue de mon néant et le souvenir de mes innombrables péchés.

Sentiment de contrition de tout le mal dont

ma vie se compose, et regret profond de m'être retiré des voies du Saint-Esprit, d'avoir refusé de correspondre aux desseins de Dieu et abusé de tant de grâces.

Sentiment de confiance filiale dans les miséricordes infinies du Seigneur, et surtout dans la source de notre salut, dans les plaies sacrées de Jésus-Christ.

Sentiment de reconnaissance pour tous les bienfaits de Dieu, et pour la conduite paternelle de la divine Providence à mon égard.

Sentiment de soumission tendre à tous les jugements de Dieu, conformité entière à ses volontés adorables, et abandon de tout moi-même à son infinie miséricorde.

Enfin, désir ardent de l'éternité bienheureuse et de la possession de mon Dieu.

3° Les sacrements que les malades peuvent recevoir sont au nombre de trois. 1° La confession. J'en ferai une générale dès la première apparence du danger, et je continuerai à me confesser fréquemment, afin de purifier mon âme de plus en plus, et de puiser des forces dans les tendres avis du ministre de Dieu. 2° La sainte Eucharistie. Je la recevrai spirituellement chaque jour, et réellement autant de fois que je pourrai obtenir ce bonheur. Lorsqu'on me la donnera en viatique ; je recueillerai toutes mes puissances pour rendre à mon créateur l'hommage le plus ardent et le plus absolu de mon âme. 3º L'extrême-onction. Je la demanderai de bonne heure, dans l'espérance d'obtenir par là une grâce particulière pour me disposer à une sainte mort. Je rappellerai en ma mémoire les précieux effets qu'elle opère ; et pour la recevoir dignement, je m'y préparerai par une foi vive et par une conscience pure.

PRIÈRE

POUR UNIR NOS SOUFFRANCES A CELLES DE JÉSUS-CHRIST.

Mon Dieu, je m'unis de tout mon cœur à votre saint Fils Jésus qui, dans la sueur de son agonie, vous a présenté la prière de tous ses membres infirmes. O Dieu ! vous l'avez livré à la tristesse, à l'ennui, à la frayeur ; et le calice que vous lui avez donné à boire était si amer et si plein d'horreur, qu'il vous pria de le détourner de lui. En union avec sa sainte âme, je vous le dis, ô mon Dieu et mon Père ! *détournez de moi ce calice horrible; toutefois que votre volonté soit faite, et non pas la mienne* (1). Je mêle ce calice avec celui que votre Fils notre Sauveur à épuisé par votre ordre. Il ne fallait pas un moindre remède, ô mon Dieu ! Je le reçois de votre main avec une ferme conviction que vous l'avez préparé pour mon salut, et pour me rendre semblable à Jésus-Christ mon Sauveur. Mais, ô Seigneur ! qui avez promis de ne pas nous mettre à des épreuves qui passent nos forces, vous êtes fidèle et véritable : je crois en votre parole, et je vous prie, par votre Fils, de me donner de la force, ou d'épargner ma faiblesse.

Jésus, mon Sauveur, nom de miséricorde et de grâce, je m'unis à la sainte prière du jardin, à vos sueurs, à votre agonie, à votre accablante tristesse, à l'agitation effroyable de votre sainte âme, aux ennuis auxquels vous avez été livré,

(1) Luc, xx.

à la pesanteur de vos immenses douleurs, à votre délaissement, à votre abandon, au spectacle affreux qui vous fit voir la justice de votre Père armée contre vous, aux combats que vous avez livrés aux démons dans ce temps de vos délaissements, et à la victoire que vous avez remportée sur ces noirs et malicieux ennemis; à votre anéantissement, et aux profondeurs de vos humiliations, qui font fléchir le genou devant vous à toutes créatures, dans le ciel, sur la terre, et dans les enfers : en un mot, je m'unis à votre croix, et à tout ce que vous choisissez pour crucifier l'homme. Ayez pitié de tous les pécheurs, et de moi qui suis le premier de tous : consolez-moi, convertissez-moi, anéantissez-moi, rendez-moi digne de porter votre livrée. *Amen* (1).

(1) Bossuet, *Opuscules.*

EFFUSION D'ESPÉRANCE

ENVERS DIEU LE PÈRE SUR LA VUE DE L'ÉTERNITÉ
BIENHEUREUSE, A L'HEURE DE LA MORT.

I.

Ouvrez-vous, portes des cieux, ouvrez-vous pour recevoir mon âme dans le palais de la gloire. Anges bienheureux, recevez mon âme, présentez-la à Dieu son Père, dont elle est l'image vivante ; présentez-la à Jésus-Christ son sauveur, qui l'a purifiée et embellie de son précieux sang. Ouvrez-moi vos bras, ô Père éternel ; ô mon Père et mon Dieu ; mon cœur me dit que je ne suis fait que pour vous, que vous êtes mon principe et ma fin, et qu'après avoir coulé loin de vous une vie misérable dans une terre étrangère, je vais enfin me perdre dans votre sein, comme les fleuves se perdent dans la mer. Hélas ! mon cœur a toujours été dans l'agitation, tandis qu'il a été séparé de vous. Vous seul, ô mon Dieu ! pouvez le rendre heureux. Il ne soupire qu'après vous ; il n'a d'espérance qu'en vous ; il n'est consolé dans sa peine que dans la confiance qu'il va vous être éternellement uni, et que l'enfant ne sera plus séparé de son père.

II

O Seigneur ! que votre maison est délicieuse ! qu'elle est magnifique ! qu'elle est grande ! Qu'est-ce que la terre en comparaison de ce merveilleux palais où vous régnez avec vos saints ? Ah ! mon cœur est inondé de joie dans l'espérance d'y être bientôt admis, et d'entrer dans la gloire et le bonheur de mon Dieu. J'aurais lieu de craindre d'être rejeté, si je ne savais que vous aimez à peupler vos tabernacles de pauvres et de misérables. Qui pourrait compter le nombre des pécheurs pénitents qui les habitent, après avoir lavé leur robe dans le sang de l'agneau ? Ah ! mon Dieu, vous m'avez choisi parmi tant de milliers de créatures pour être un des membres de votre Fils, il m'a rendu votre enfant en me baptisant dans son sang, il m'a enrichi des mérites de sa croix ; dans ce moment, il me lave de plus en plus ; il veut que sa chair et son sang me servent de viatique, pour me rendre digne de paraître devant vous. O mon Dieu ! vous ne rejetterez pas une âme qui est si chère à votre Fils.

EFFUSION D'ESPÉRANCE

ENVERS NOTRE-SEIGNEUR JÉSUS-CHRIST.

I.

O Jésus, ô mon Sauveur ! dans l'extrémité où je suis, j'ai recours à vous, j'invoque votre saint nom. Ouvrez-moi vos bras, que vous avez étendus sur la croix pour le salut des pécheurs. Ouvrez-moi votre sein, ce sein qui a été percé d'une lance pour devenir la source du salut des hommes. Ouvrez-moi vos plaies sur lesquelles vous avez gravé mon nom. O mon unique espérance ! ma dernière heure approche, voici le moment où vous devez prendre possession d'une âme dont le salut vous a coûté si cher.

II.

Il est vrai, j'ai été un ingrat ; mais vous êtes témoin de mes regrets et de mon repentir, comme vous en êtes l'auteur. Vous savez que le monde ne m'est plus rien, que je n'aime que vous, que je n'espère qu'en vous, que c'est pour vous seul que je respire encore et que je veux mourir. O la vie de mon âme ! confirmez en mon cœur la voix intérieure qui me dit que mes péchés me sont pardonnés, que votre précieux sang les a effacés, que vous n'avez pas rejeté les soupirs de mon cœur, ni les larmes de mes yeux. O mon Jésus ! que me reste-t-il en ce moment, sinon que, délivrée de la captivité de ce corps mortel, mon âme s'unisse à vous pour reposer éternellement dans votre sein et dans vos plaies.

III.

O Dieu d'infinie majesté ! vous avez daigné descendre du ciel pour nous visiter ; vous vous êtes abaissé jusqu'à entrer dans nos maisons d'argile ; n'ai-je pas lieu d'espérer que vous me recevrez dans le palais de votre gloire ? N'est-il pas plus étonnant de vous voir descendre jusqu'à nous, qui sommes si misérables, que de nous voir monter jusqu'à vous ? Oh ! mon cœur se remplit de la plus douce espérance. Dans un moment, je verrai mon sauveur. Il est mon chef ; je vais lui être réuni, sans craindre d'en être jamais séparé. O mort ! tu m'apportes la vie. O Jésus ! qu'il est doux de mourir dans l'espérance de vivre avec vous !

IV.

O mon Père ! que serait-ce si vous n'aviez pas vos enfants avec vous ? Je m'en vais, disiez-vous à vos apôtres, préparer votre place. Vous avez préparé la mienne, ô mon sauveur ! vous me la conservez, et dans un moment je la remplirai. Vous avez promis que ceux que votre Père vous a donnés seraient où vous seriez ; vous avez promis à ceux qui mangeraient votre chair, qu'après les avoir nourris sur la terre, ils vivraient avec vous dans le ciel. O mon âme ! celui qui vit et se nourrit de son Dieu peut bien espérer de vivre éternellement avec son Dieu.

V.

Vous êtes mort pour moi, ô mon Sauveur ! lors même que j'étais votre ennemi ; me refuseriez-vous la vie éternelle, quand je n'aime que vous, quand je ne soupire qu'après vous ? Si le bonheur du ciel est au-dessus de mes mérites, si mes péchés m'en ont rendu indigne, il n'est pas au-dessus des vôtres ; vous l'avez mérité pour moi, vous me l'avez acheté au prix de votre sang. O mon Jésus ! je l'attends, comme une grâce dont je suis indigne, mais aussi comme une couronne de justice que vous avez méritée pour m'en faire part. O mon aimable Sauveur ! l'heure est venue où je réclame les mérites de vos travaux, de votre obéissance, de vos prières, de vos larmes, de vos souffrances et de votre mort. Ces mérites sont à moi, vous me les avez légués en mourant. En vertu de l'union que j'ai avec vous, de l'espérance que j'ai en vous, des sacrements qui me fortifient et me sanctifient par l'onction de votre charité, je vous demande le ciel. Je le demande en votre nom à Dieu votre Père, je le lui demande en qualité de votre frère et de votre cohéritier. O l'heureuse nouvelle ! je vais entrer dans la maison de mon Dieu ; je vais entrer avec Jésus-Christ, qui m'a rendu son frère, en partage des biens, du bonheur et de la gloire de notre Père commun.

VI.

Mon âme est ravie, elle est transportée de joie par ces douces paroles : « Encore un moment, et tu seras éternellement heureuse avec Jésus-Christ. » Oh ! qu'il m'est doux de mourir dans cette espérance ! O mort ! tu deviens le commencement de ma vie. O Jésus ! ô cher et unique objet de mon cœur, quand sera-ce que je vous verrai, que je vous embrasserai, que je serai consumé d'amour pour vous ? Venez, ô mon Sauveur ! recevoir mon âme prête à rompre ses liens ; venez l'accueillir au sortir de sa prison, où elle a essuyé tant de misères. Venez, ô mon unique espérance ! ô mon refuge et mon salut ! venez la cacher dans votre cœur.

EFFUSION D'ESPÉRANCE

I.

Ouvrez votre sein, Esprit divin, vous qui êtes le consolateur des âmes affligées, notre doux rafraîchissement dans nos travaux, notre consolation dans nos peines, notre lumière dans nos ténèbres. Vous êtes l'hôte aimable de nos cœurs, qui essuyez nos larmes ou qui rendez délicieuses celles que la pénitence ou l'amour fait couler de nos yeux. Vous êtes notre puissant intercesseur, vous priez avec nous et pour nous avec des gémissements ineffables. Si j'interroge mon cœur, il me semble entendre une réponse divine qui m'assure que bientôt j'aurai le bonheur de vous voir et de jouir de vous, ô l'amour et la joie du Père et du Fils !

II.

S'il est vrai, divin Esprit ! comme saint Paul ɪe dit de tous les enfants de Dieu, que vous habitez en moi, que j'ai part à votre amour, que vous régnez déjà dans mon cœur, ne dois-je pas espérer que bientôt j'habiterai dans votre sainte maison ? Si vous êtes en mon cœur, si la grâce de Jésus-Christ vous en rend le maître, ne dois-je pas croire que je vais devenir possesseur de vos biens et de votre héritage ? Si vous avez imprimé dans mon âme le sacré caractère d'enfant de Dieu, qui peut me disputer le droit d'héritage ? N'est-il pas dans l'ordre de la grâce, comme dans celui de la nature, que les enfants soient héritiers de leurs pères ? Achevez donc, ô bienheureux Esprit ! sanctificateur de nos âmes, achevez de purifier la mienne ; rendez-moi digne de votre amour ; sanctifiez les larmes que vous me faites répandre sur tous les péchés de ma vie ! Que le feu de votre charité consume tout ce qu'il y a de terrestre en mon âme. Affranchie des liens de sa captivité, qu'elle s'envole dans votre sein ; qu'elle y trouve son bonheur et son repos éternel.

SENTIMENTS DE PIÉTÉ

SUR LA PASSION DE JÉSUS-CHRIST, POUR LE TEMPS DE L'AGONIE.

I.

O Jésus ! pour adoucir l'agonie que je souffre, vous avez voulu souffrir vous-même une agonie mortelle. En ce moment, mon âme est triste jusqu'à la mort. O mon Sauveur ! que la tristesse de votre agonie sanctifie celle dont je suis accablé ; que la sueur de sang qui sortit de votre corps adorable sanctifie la sueur dont la mort couvre mes membres languissants. Consolez-moi, fortifiez-moi, comme dans votre agonie vous avez voulu être consolé, fortifié par un ange. Ah ! s'il est possible, mettez fin par une mort prompte et sainte aux maux qui m'accablent ; mais non, que votre volonté soit faite, et non la mienne.

II.

O mon maître ! ô mon Sauveur ! ô le Sauveur des plus grands pécheurs ! vous avez reçu avec bonté le baiser du traître Judas ; vous lui avez donné le nom d'ami dans le moment qu'il vous trahissait. Vous avez converti, par un regard de compassion, un lâche apôtre qui vous renonçait. Vous avez sollicité le pardon des Juifs qui vous crucifiaient, et ajoutaient les insultes et les blasphèmes à la cruauté. Traitez-moi comme eux, ô Jésus ! pardonnez-moi les péchés que la malice m'a fait commettre, à l'exemple de Judas. Pardonnez-moi les péchés que j'ai commis, ou par faiblesse, comme saint Pierre, ou par ignorance, comme les Juifs. Vous n'avez pas cessé d'être le Sauveur des hommes, ni l'ami des pécheurs, ni l'agneau de Dieu qui efface les péchés du monde. Donnez-moi, mon Sauveur, le baiser de paix dont Judas n'a pas profité ; accordez-moi ce regard de miséricorde qui a converti saint Pierre ; ne me refusez pas le pardon que vous avez demandé pour vos bourreaux.

III.

Seigneur Jésus, ne vous éloignez pas de moi. Je suis dans le feu de la tribulation ; je ne puis être consolé, je ne puis être assisté, je ne puis être sauvé que par vous. Souvenez-vous de ce que vous avez souffert pour mon salut. Appliquez-moi en ce moment qui va décider de ma destinée éternelle les mérites du sang que vous avez répandu pour moi ; qu'il efface tous les péchés de ma vie, que je déteste souverainement. Que vos humiliations et vos opprobres réparent les désordres de mon orgueil ; que vos meurtrissures et vos plaies réparent les désordres de ma sensualité ; que votre obéissance jusqu'à la mort de la croix répare mes désobéissances et mes révoltes. O Jésus ! dites à un pécheur pénitent, près de rendre l'âme, ce que vous dites à ce pécheur converti, pendu à votre côté : « Aujourd'hui, tu seras avec moi en paradis. » O mon Sauveur ! souffrez que je me cache dans vos plaies, que je cherche dans votre cœur mon refuge et mon asile, que j'y rende les derniers soupirs, que j'y remette le dépôt que votre Père m'a confié, cette âme que vous avez rachetée de votre sang, que vous avez nourrie de votre chair, que vous avez sanctifiée, que vous avez promis de recevoir auprès de vous.

IV.

O Jésus ! donnez à mon âme, sur le point de quitter sa prison d'argile, les mêmes sentiments que vous aviez à votre mort. Comme vous, je pardonne à tous les ennemis que j'ai pu avoir dans le cours de ma vie. Comme vous, je m'adresse à Marie, que vous m'avez donnée pour mère : O Marie ! ô mère de mon sauveur ! ô ma bonne mère ! voilà votre Fils sur le point d'expirer ; ne m'abandonnez pas, assistez-moi à l'heure de ma mort. Souvenez-vous des paroles que Jésus vous a dites en mourant : « Femme, voilà votre fils. » Montrez-vous ma mère en ce moment suprême ; fermez les yeux à votre enfant mourant, et recevez son dernier soupir. » O Jésus ! accordez-moi la grâce de mourir entre vos bras, comme y est mort saint Joseph. Faites que mes dernières paroles soient les mêmes que les vôtres : « O mon Dieu ! ô mon Père ! je remets mon esprit entre vos mains. » Faites-moi la grâce de prononcer avant d'expirer ces noms sacrés, dans lesquels je mets toute ma confiance : *Jésus, Marie, Joseph* (1).

(1) Voyez *la Science du Crucifix*, par le père Pierre-Marie.

ACTES DU CHRÉTIEN MOURANT,

PAR BOSSUET.

Vous ferez un acte de foi en la présence de Dieu, vous demeurerez avec respect devant lui, et en cet état vous l'adorerez profondément, lui disant :

« Mon Dieu, je vous adore de toute ma volonté, et pour le faire plus dignement, je m'unis à toutes les saintes âmes du ciel et de la terre ; je crois fermement que vous êtes mon Dieu et mon juste juge, auquel je dois rendre un compte exact de toutes mes pensées, paroles, désirs, actions ; enfin de l'emploi de ma vie tout entière. »

ACTE DE FOI.

Je proteste aussi, mon Dieu, que je crois tout ce que croit l'Église catholique, apostolique et romaine ; je veux mourir dans la vraie et vive foi de tout ce qu'elle enseigne, étant prêt, par votre grâce, de donner ma vie et jusqu'à la dernière goutte de mon sang pour confesser cette divine foi.

ACTE DE DÉSIR DE VOIR DIEU.

Je désire ardemment, ô mon Dieu ! l'ineffable bien de vous contempler et de jouir de vous, puisque c'est vous qui êtes ma seule et vraie félicité, mon souverain bonheur. Je sais que je ne puis placer ma confiance en aucune de mes œuvres ; aussi je ne compte que sur votre miséricorde, et je m'appuie uniquement sur les mérites de mon Jésus. C'est par tout ce qu'il a fait et souffert pour moi que j'ose espérer, tout criminel que je suis, de vous posséder éternellement.

ACTE DE CONTRITION.

Toute ma confiance, ô mon Dieu ! est dans les mérites du sang précieux que Jésus-Christ a répandu pour effacer mes crimes ; et c'est en son nom adorable que je vous en demande pardon, anéanti à ses pieds sacrés, dans un vrai sentiment d'humiliation, à la vue de mes résistances à vos grâces et des infidélités que j'ai commises contre vous ; je vous en demande pardon dans la confiance que vous ne refuserez pas un cœur contrit et humilié.

ACTE D'AMOUR.

Faites-moi miséricorde, ô mon Dieu ! et que mon cœur brûle de votre saint amour pour le temps et pour l'éternité. Je ne le puis que par votre grâce, ô Jésus ! ne me la refusez pas ; je vous la demande de tout mon cœur, et vous proteste que je consens à être séparé par la mort de tout ce qui m'est le plus cher ; je le veux quand il vous plaira et de la manière que vous le voudrez. Que regretterai-je, en effet, puisque vous m'êtes plus cher que moi-même ?

ACTE DE SOUMISSION.

Prosterné à vos pieds cloués pour moi sur la croix, ô Jésus ! je proteste que j'accepte la mort pour rendre hommage à la vôtre, et par soumission à votre sainte volonté, adorant d'avance le jugement que vous prononcerez sur moi. Je vous supplie, par les mérites de votre Passion et de votre mort, de me le rendre favorable, afin que je puisse m'unir à vous éternellement ; car, par votre grâce, je vous aime et je désire vous aimer de tout mon cœur, plus que moi-même et plus que toutes les choses de ce monde que je vous sacrifie de toute ma volonté.

COURTES PRIÈRES

QUE L'ON PEUT FAIRE RÉITÉRER SOUVENT A UN MALADE AUX APPROCHES DE LA MORT.

Contre les terreurs de la mort.

Je suis la résurrection et la vie. Celui qui croit en moi, quand il serait mort, il vivra ; et celui qui vit et croit en moi ne mourra point à jamais. Celui qui croit en moi ne connaîtra point la mort (1).

(1) Joan., xi, 25; viii, 51.

O Jésus ! soyez ma vie et ma résurrection, selon votre parole.

Je me soumets, ô Dieu juste ! ô juste juge ! à la sentence de mort que vous avez portée contre moi à cause de mon péché. *O mort ! je serai ta mort*, dit le fils de Dieu. *O mort ! où est ta victoire ? où est ton aiguillon* (1)? *où sont tes armes ?* Mon Sauveur t'a désarmée.

Contre les terreurs de la conscience.

Mon Dieu ! ayez pitié de moi, pauvre pécheur. Mon Dieu, *j'ai péché contre le ciel et contre vous ; je ne suis pas digne d'être appelé votre enfant ; traitez-moi comme le moindre de vos serviteurs* (2).

Qui accusera les élus de Dieu ? c'est Dieu qui les justifie. Qui les condamnera ? c'est Jésus-Christ qui est mort, qui est ressuscité, qui est à la droite de son Père, et qui intercède pour moi. Qui donc me séparera de la vérité et de la cha-

(1) Osée, xiii, 14; I Cor., xv, 55.
(2) Luc., xv, 18.

rité de Jésus-Christ (1) ? qui me privera de son amour ? qui m'empêchera de l'aimer ?

Celui à qui on remet davantage, aime davantage (2).

In te, Domine, speravi ; non confundar in æternum. In manus tuas, Domine, commendo spiritum meum. Redemisti me, Domine, Deus veritatis (3).

Où le péché a abondé, la grâce surabonde (4).

Dans les grandes douleurs.

Je suis attaché à la croix avec Jésus-Christ, et je vis, non pas moi, mais Jésus-Christ en moi. Je vis en la foi du Fils de Dieu, qui m'a aimé et qui s'est livré à la mort pour moi (5).

Que je porte, mon Dieu, sur mon corps l'impression de la mort de Jésus, afin que la vie de

(1) Rom., viii, 35.
(2) Luc., vii, 47.
(3) Ps., xxx, 6,
(4) Rom., v, 20.
(5) Gal., ii, 19.

Jésus se développe sur moi (1). *O mon Père! si vous le voulez, vous pouvez détourner de moi ce calice; mais, ô mon Dieu! votre volonté soit faite, et non pas la mienne* (2).

Mon Dieu, donnez-moi la patience. Vous nous avez promis que vous ne nous laisseriez pas tenter au-dessus de nos forces. Vous êtes fidèle, ô mon Dieu! je me fie à votre promesse. Je le sais, Seigneur; si ce grain, si ce corps mortel n'est mortifié, il ne portera aucun fruit. Faites-moi produire de dignes fruits de pénitence. O Jésus! j'embrasse la croix que vous m'inposez; je la veux porter jusqu'au bout; donnez-moi la force de la soutenir.

Acceptez ce faible sacrifice, et unissez-le au vôtre, qui est parfait et infini.

En adorant et baisant la croix.

O Jésus! vous avez été élevé sur cette croix pour être l'objet de notre espérance. Il fallait que vous y fussiez élevé comme le serpent dans

(1) II Cor., iv, 10.
(2) Luc., xxii, 42.

le désert, afin que tout le monde pût tourner ses yeux vers vous. La guérison de tout l'univers a été le fruit de cette cruelle et mystérieuse exaltation. O Jésus ! je vous adore sur cette croix, et m'y tenant à vos pieds, je vous dis comme l'épouse : *Tirez-moi, nous courrons après vous* (1). La miséricorde, qui vous fait subir le supplice de la croix ; l'amour, qui vous fait mourir et qui sort par toutes vos plaies, est le doux parfum qui s'exhale pour attirer mon cœur. Tirez-moi de cette douce et puissante manière, dont vous avez dit que *votre Père tire à vous tous ceux qui y viennent* (2) ; de cette manière toute-puissante qui ne permette pas de demeurer en chemin. Que j'aille jusqu'à vous, jusqu'à votre croix ; que j'y sois uni, percé de vos douleurs, crucifié avec vous, en sorte que je ne vive plus que pour vous seul, et que je n'aspire plus qu'à cette vie immortelle que vous nous avez méritée par la croix.

O Jésus ! que tout est vil à qui vous a trouvé, à qui est attiré jusqu'à vous, jusqu'à votre

(1) Cant., i, 3.
(2) Joan., vi, 44.

croix ! O Jésus ! quelle vertu vous avez cachée dans cette croix ! Faites la sentir à mon cœur, maintenant que mes douleurs m'y tiennent attaché.

Le psaume *Miserere*, versets choisis.
Le psaume *Lætatus sum*, de même.
Le psaume *Benedic, anima mea, Domino.*
Le psaume *Quam dilecta*, de même.
Le psaume *Quemad modum desiderat* (1).

Misericordias Domini in æternum cantabo.
Je chanterai à jamais les miséricordes du Seigneur.

PRIÈRES DE L'ÉGLISE

POUR LES AGONISANTS.

Seigneur, ayez pitié de nous.
Jésus-Christ, ayez pitié de nous.
Seigneur, ayez pitié de nous.
Sainte Marie, priez pour cette âme agonisante,
Saints anges et archanges, priez pour elle.
Saint Abel, priez pour elle.

(1) Bossuet, *Opuscules.*

Tous les chœurs des justes, priez pour elle.

Saint Abraham, priez pour elle.

Saint Jean-Baptiste, priez pour elle.

Saints patriarches et saints prophètes, priez pour elle.

Saint Pierre, priez pour elle.

Saint Paul, priez pour elle.

Saint André, priez pour elle.

Saint Jean, priez pour elle.

Saints apôtres et évangélistes, priez pour elle.

Saints disciples de Jésus, priez pour elle.

Saints Innocents, priez pour elle.

Saint Étienne, priez pour elle.

Saint Laurent, priez pour elle.

Saint Denis et vos compagnons, priez pour elle.

Tous les saints martyrs, priez pour elle.

Saint Sylvestre, priez pour elle.

Saint Augustin, priez pour elle.

Saint Benoît, priez pour elle.

Saint François, priez pour elle.

Saint Dominique, priez pour elle.

Saints pontifices et saints confesseurs, priez pour elle.

Sainte Thècle, priez pour elle.

Sainte Marie-Madeleine, priez pour elle.

Sainte Luce, priez pour elle.

Sainte Geneviève, priez pour elle.

Saintes vierges, priez pour elle.

Saints et saintes de Dieu, intercédez pour elle.

Seigneur, soyez-lui propice et pardonnez-lui ses péchés.

Seigneur, soyez-lui propice et délivrez-la.

De votre colère délivrez-la, Seigneur.

De la mauvaise mort délivrez-la, Seigneur.

Des peines de l'enfer délivrez-la, Seigneur.

De la puissance de Satan délivrez-la, Seigneur.

Par votre sainte nativité, délivrez-la, Seigneur.

Par votre croix et votre passion, délivrez-la, Seigneur.

Par votre mort et votre sépulture, délivrez-la, Seigneur.

Par votre glorieuse résurrection, délivrez-la, Seigneur.

Par votre admirable ascension, délivrez-la, Seigneur.

Par la grâce de votre Saint-Esprit consolateur, délivrez-la, Seigneur, au jour du jugement.

Seigneur, nous vous supplions de nous écouter, pauvres pécheurs.

Seigneur, nous vous supplions de lui pardonner.

Seigneur, ayez pitié de nous.

Jésus-Christ, ayez pitié de nous.

Seigneur, ayez pitié de nous.

———

ORAISON *Proficiscere, anima christiana.*

Sortez, âme chrétienne, sortez de ce monde, au nom de Dieu le Père tout-puissant qui vous a créée au nom de Jésus-Christ, Fils du Dieu vivant, qui a souffert pour vous; au nom de l'Esprit-Saint qui est descendu sur vous; au nom des anges et des archanges; au nom des trônes et des dominations; au nom des principautés et des puissances; au nom des patriarches et des prophètes; au nom des saints apôtres et des évangélistes; au nom des saints martyrs et des confesseurs; au nom des saints religieux et des solitaires; au nom des vierges; au nom de tous les saints et de toutes les saintes du ciel. Habitez aujourd'hui dans le lieu de la paix; que Sion, la cité sainte, soit votre demeure. Nous demandons pour vous cette grâce par les mérites de Jésus-Christ.

ORAISON *Deus clemens.*

Seigneur, Dieu de clémence et de bonté, vous à qui les larmes d'un pécheur pénitent sont si agréables, que vous lui pardonnez toutes ses fautes, quelque grandes qu'elles soient; vous qui oubliez même que ce pécheur vous a offensé, et qui ne considérez que son repentir, jetez des regards de miséricorde sur cette âme agonisante : elle avoue ses offenses, elle vous en demande pardon, exaucez-la, Père plein de clémence; restaurez en elle ce que la fragilité humaine ou la malice de l'esprit tentateur a pu corrompre. Unissez au corps de l'Eglise ce membre que vous avez racheté; entendez ses gémissements, considérez ses larmes et laissez-vous fléchir. Toute sa confiance est en vous, elle n'espère qu'en votre tendresse; ouvrez-lui, Seigneur, la porte qui conduit au salut éternel, admettez-la à la grâce d'une parfaite réconciliation : nous vous en supplions par Jésus-Christ Notre-Seigneur. Ainsi soit-il.

Oraison *Commendo te.*

Je vous recommande, âme chrétienne, au Dieu tout-puissant : je vous remets entre les mains de votre créateur, afin qu'en quittant ce lieu d'exil, vous retourniez à celui qui vous a formée du limon de la terre. Que la troupe glorieuse des anges vienne au devant de vous lorsque vous sortirez de votre corps. Que le sénat des apôtres, qui doit juger avec Dieu tout l'univers, vous fasse un accueil favorable. Que l'armée triomphante des martyrs se réjouisse à votre arrivée. Que la troupe brillante des confesseurs vous environne. Que le chœur des vierges vous introduise dans le sanctuaire de l'époux céleste avec des cantiques de jubilation. Qu'admise dans le sein d'Abraham, tous les patriarches vous félicitent et vous embrassent. Que Jésus-Christ se montre à vous avec un visage plein de douceur et d'allégresse ;

qu'il vous place au rang de ceux qui sont assis
à ses côtés. Ah ! puissiez-vous à jamais ignorer
les douleurs qui sont le partage des réprouvés.
Que le démon et ses ministres, en vous voyant
arriver dans la compagnie des anges, se re-
connaissent vaincus ; que la honte les force à
se cacher dans leurs sombres demeures, et
qu'ils vous laissent libre le chemin du ciel.
Que Jésus-Christ, qui a souffert et qui est mort
pour votre salut, vous pardonne vos péchés et
vous sauve de la peine éternelle ; que ce pasteur charitable vous reconnaisse pour une de
ses brebis, et qu'il vous introduise dans son
paradis pour y jouir de délices inaltérables.
Puissiez-vous voir votre rédempteur face à
face, et goûter au sein de la contemplation
divine les joies de la félicité suprême dans **tous
les siècles des siècles.**

ORAISON *Suscipe, Domine.*

Recevez, Seigneur, cette âme chrétienne dans
le lieu du salut, objet de ses espérances. Ainsi
soit-il.

Délivrez, Seigneur, cette âme chrétienne de tous les périls et de tous les supplices de l'enfer. Ainsi soit-il.

Délivrez-la, Seigneur, comme vous avez délivré Enoch et Élie de la mort commune à tous les hommes. Ainsi soit-il.

Délivrez-la, Seigneur, comme vous avez délivré Noé des eaux du déluge. Ainsi soit-il.

Délivrez-la, Seigneur, comme vous avez délivré votre serviteur Job de ses souffrances. Ainsi soit-il.

Délivrez-la, Seigneur, comme vous avez délivré Loth de l'embrasement de Sodome. Ainsi soit-il.

Délivrez-la, Seigneur, comme vous avez délivré Moïse de la persécution de Pharaon. Ainsi soit-il.

Délivrez-la, Seigneur, comme vous avez délivré Daniel de la fosse aux lions. Ainsi soit-il.

Délivrez-la, Seigneur, comme vous avez délivré les trois enfants de la fournaise ardente. Ainsi soit-il.

Délivrez-la, Seigneur, comme vous avez délivré Suzanne d'une condamnation inique. Ainsi soit-il.

Délivrez-la, Seigneur, comme vous avez délivré David des mains de Saül et de Goliath. Ainsi soit-il.

Délivrez-la, Seigneur, comme vous avez délivré saint Pierre et saint Paul des chaînes de leur captivité.

ORAISON *Commendamus tibi.*

Nous vous recommandons, ô Sauveur du monde! cette âme chrétienne, et nous vous supplions de la recevoir dans le sein des patriarches Abraham, Isaac et Jacob. C'est pour elle que vous êtes descendu du ciel en terre, faites-la jouir des fruits de votre venue dans toute leur abondance. Elle est votre créature; elle n'a point été formée par des dieux étrangers, mais par vous qui êtes le seul Dieu vivant et véritable; faites-la donc remonter à sa source divine, et rentrer dans votre sein paternel. Oubliez, Seigneur, toutes ses iniquités, fruit de la violence de ses passions; elle a péché, elle le confesse; mais elle déplore son malheur et elle se confie dans les mérites de Jésus-Christ, qui a donné sa vie pour expier tous les crimes du genre humain. Ne vous ressouvenez donc plus, ô grand Dieu! que de vos infinies miséricordes, et conduisez-la au séjour de la gloire et de la félicité éternelle. Ainsi soit-il.

LORSQUE L'AGONISANT A RENDU LE DERNIER SOUPIR.

Prière.

Saints de Dieu, venez au secours de cette âme chrétienne. Anges du Seigneur, accourez à sa rencontre et présentez-la au Dieu tout-puissant. Que Jésus-Christ la reçoive et l'introduise dans le sein d'Abraham.

Seigneur, faites-lui miséricorde.

Jésus-Christ, faites-lui miséricorde.

Notre Père, etc.

Et ne nous laissez point succomber à la tentation, mais délivrez-nous du mal ;

Donnez-lui, Seigneur, le repos éternel, et faites luire sur elle votre divine lumière.

Qu'elle repose en paix. Ainsi soit-il.

Seigneur, exaucez notre prière.

Et que nos cris s'élèvent jusqu'à vous.

Oraison.

Nous vous recommandons, Seigneur, cette âme chrétienne, afin qu'étant morte au monde, elle vive désormais pour vous. Puisse le pardon qu'elle attend de votre infinie miséricorde effacer les fautes que la fragilité humaine lui a fait commettre pendant le cours de sa vie mortelle. Par Jésus-Christ Notre-Seigneur. Ainsi soit-il.

Nota. Pie VII, pour engager les fidèles à dilater les entrailles de leur charité en faveur des pauvres agonisants, a accordé, le 18 avril 1809, une indulgence de trois cents jours à tous ceux qui réciteront, pour eux, trois *Pater* à l'honneur de l'agonie de Notre-Seigneur, et trois *Ave* à l'honneur de la compassion de la très-sainte Vierge, et une indulgence plénière un jour du mois à leur choix.

Ces indulgences sont perpétuelles et applicables aux morts.

NOTICE

SUR

LE PÈRE ANGE LEPROUST,

RELIGIEUX AUGUSTIN,

INSTITUTEUR DES FILLES HOSPITALIÈRES DE SAINT-THOMAS DE VILLENEUVE.

Le père Ange Leproust naquit à Poitiers le 4 décembre de l'année 1624 Dès sa jeunesse, il fut prévenu des bénédictions de la grâce divine, qui s'empara de son cœur avant que le monde en pût corrompre l'innocence, et lui inspira le désir de s'enrôler sous l'étendard de la croix. Il n'avait que seize ans lorsqu'il renonça aux vanités du siècle, et entra dans l'ordre des Ermites de Saint-Augustin, de la réforme de Bourges, autrement dits *Petits-Augustins* (1), pour les distinguer des religieux de l'ancienne observance, appelés en France *Grands-Augustins.*

Jamais novice ne montra plus d'humilité, d'obéissance et de ferveur. Persuadé que, pour jeter les fondements de la perfection religieuse, il faut se dépouiller de sa volonté propre, il voulut dépendre en tout de son directeur. Il savait que le Fils de Dieu ne s'est soumis aux hommes que pour nous enseigner cette doctrine etpour nous servir d'exemple.

Il prononça ses vœux le 25 mars 1642. Dès les premières années de sa profession, il parut

(1) La réforme de Bourges avait été introduite en France par les pères Etienne Rabache et Roger Girard, le 30 août 1594. Elle prit le nom de *Réforme de Bourges,* parce que le couvent de cette ville, de la province de Saint-Guillaume, l'avait acceptée le premier. Il ne faut pas la confondre avec celle des Augustins déchaussés, connus, à Paris, sous le nom de *Petits Pères,* et commencée en Espagne, e1565, par le père Thomas de Jésus.

comme un modèle accompli de la vie religieuse. Il vivait dans une mortification absolue
de ses sens et de ses inclinations ; aussi mérita-
t-il de Dieu une admirable pureté de cœur et
le don de prière dans un degré éminent.

Ses supérieurs, le jugeant propre à l'enseignement, l'envoyèrent au couvent de Lamballe,
en Bretagne, pour y professer la philosophie.
Son cours fini, il enseigna la théologie, emploi
qu'il exerça l'espace de douze ans avec tant de
succès, qu'il devint un théologien consommé,
et forma plusieurs disciples qui se firent un
nom par leur science et par leur éloquence.

Mais l'étude de la scolastique n'absorbait
pas tellement son temps, qu'il n'en trouvât pour
travailler à la conquête des âmes. Il sortait souvent de sa solitude pour prêcher la parole évan-
gélique, administrer le sacrement de pénitence
et réconcilier les pécheurs. Ses sermons, dictés
par l'esprit de Dieu, produisaient des fruits
merveilleux parmi les peuples.

Sa réputation de science et de piété l'éleva
successivement aux premiers emplois de son
ordre. Il fut d'abord élu prieur du couvent de
Lamballe, où il continua ses leçons de théolo-

gie, puis visiteur de la province, définiteur, et enfin provincial. Il remplit ces différentes places avec un zèle et une douceur qui le firent vénérer et aimer de tous ses frères. A l'imitation du Sauveur des hommes, il n'enseignait rien qu'il n'en donnât auparavant l'exemple. Observateur exact de la discipline religieuse, il était toujours le premier au chœur, le jour et la nuit, et il n'en sortait que le dernier. Sa fidélité à la règle et aux pratiques de la réforme qu'il avait embrassée se montrait dans toute sa conduite. Loin de se prévaloir de son autorité, il se regardait comme le dernier de tous, et il aimait à se confondre parmi les plus humbles religieux. Son principal soin était d'inspirer à ses enfants spirituels l'amour de la prière, de la mortification, de l'humilité, des travaux évangéliques, et surtout une tendresse singulière pour les pauvres malades. Il était touché de compassion de les voir sans asile et privés des secours les plus nécessaires, parce que la misère était alors très-grande, et qu'on ne possédait point à cette époque les connaissances nécessaires pour leur procurer des soulagements efficaces, mais surtout parce que la charité s'était refroidie parmi les heureux du siècle, et que les riches insensibles laissaient tomber les hôpitaux en ruine. Ce spectacle lui déchirait le cœur, et il en faisait le sujet de ses entretiens habituels.

Dès le commencement de sa carrière apostolique, il s'était proposé pour modèle un religieux de son ordre, célèbre par sa grande charité pour les malheureux, le bienheureux Thomas de Villeneuve, archevêque de Valence, en Espagne ; il se faisait gloire d'être son disciple, et il s'appliquait continuellement à se pénétrer de son esprit et à imiter sa conduite (1).

Le pape Alexandre VII ayant canonisé ce grand serviteur de Dieu et des pauvres en 1658, le père Ange, qui était alors prieur du couvent de Lamballe, voulut célébrer cet événement avec un éclat capable de faire impression sur les peuples. Il consacra à cette solennité huit jours entiers, pendant lesquels il ne quitta presque point le saint autel. Là, tandis qu'il enflammait son âme au souvenir des grandes choses opérées par saint Thomas de Villeneuve, et

(1) Voyez l'*Abrégé de la vie de saint Thomas de Villeneuve*, à la suite de cette notice.

qu'il consultait le Seigneur sur les moyens d'imiter sa charité héroïque, il fut inspiré d'instituer une nouvelle société de vierges vouées au soulagement des pauvres malades et aux soins de l'enfance abandonnée.

Il fit part de son projet au père Louis Chaboisseau, religieux de son ordre, dont la mémoire fut longtemps en vénération dans la Bretagne. Cet homme de Dieu lui prédit le succès de son entreprise. Néanmoins, ce ne fut que quatre ans plus tard, vers 1662, que le père Ange put en jeter les fondements. Dans ce but, il réunit plusieurs filles de distinction auxquelles il communiqua ses sentiments de commisération chrétienne, et qui se dévouèrent, dans l'hôpital de Lamballe, au service des pauvres malades, sous la protection et le titre de saint Thomas de Villeneuve.

Le nombre de ces vierges généreuses s'étant accru, il leur prescrivit des statuts conformes à la règle de Saint-Augustin.

L'utilité d'un tel établissement ne tarda pas à être appréciée ; Louis XIV, à qui on en rendit compte, le confirma par lettres patentes données en 1661, avec autorisation de créer de semblables sociétés, dans tous les lieux où elles seraient jugées nécessaires, pour servir les malades dans les hôpitaux, pourvoir à leur subsistance, élever gratuitement les pauvres filles orphelines, et même recevoir les personnes du sexe qui voudraient faire des retraites de piété.

Le ciel bénit tellement cette charitable institution, qu'elle se répandit bientôt tant en Bretagne que dans les provinces voisines. Quoiqu'il y en eût déjà plusieurs à Paris du même genre, les besoins extrêmes d'une aussi grande ville firent penser qu'il serait utile d'y attirer les religieuses de Saint-Thomas de Villeneuve. Elles vinrent donc dans cette capitale pour y ouvrir des écoles et y desservir des hospices, et le roi leur permit d'y fonder une maison qui devint le chef-lieu de leur congrégation, et où elles sont restées jusqu'aujourd'hui.

Il est impossible de décrire toutes les fatigues que le père Leproust essuya, et toutes les difficultés qu'il eut à surmonter pour l'exécution de cette noble et grande œuvre. Il fut traversé par des obstacles de tout genre et par des contradictions sans nombre. L'égoïsme, la cupi-

dité, la calomnie, mille passions basses et ja-
louses se liguèrent pour lasser sa patience et sa
charité sublime. Il eut à lutter tantôt contre
les administrateurs d'hôpitaux, tantôt contre les
injustes détenteurs du bien des pauvres, tantôt
contre les autorités locales, tantôt contre les
parents des religieuses, tantôt même contre les
préventions des gens de bien. Mais rien ne fut
capable d'ébranler sa constance, qui prenait sa
source dans sa foi vive en la Providence. Il
poursuivit l'œuvre de Dieu à travers toutes les
oppositions du démon et du monde, et il eut
la consolation, avant de mourir, de voir la
sainte et utile société dont il était l'instituteur
multipliée au delà de ses espérances, et en possession de plus de trente-cinq établissements
de charité.

Tant de travaux n'empêchaient pas cet
homme de Dieu de vivre d'une manière très-
austère. Il faisait à pied la plupart de ses cour-
ses apostoliques, sans omettre aucun de ses
exercices de piété. Dès qu'il était arrivé dans le
lieu où il devait s'arrêter, il se rendait directe-
ment à l'hôpital pour visiter les pauvres malades, et pour s'informer s'ils étaient pourvus de

toutes les choses nécessaires à leur situation. Il leur prodiguait non-seulement les consolations spirituelles, mais encore tous les adoucissements que son ingénieuse charité pouvait lui suggérer ; il les servait avec autant d'humilité que s'il eût vu en eux Jésus-Christ même, qu'il se figurait présent dans les malheureux comme dans le saint sacrement de l'autel. Aussi les malades le regardaient comme un ange envoyé du ciel. Ils ne pouvaient l'entendre sans concevoir une vive horreur du péché et sans se sentir portés à se convertir.

Cette ardente charité était une émanation de celle du Sauveur du monde dans la sainte eucharistie, qu'il recevait tous les jours au saint sacrifice de la messe, et pour laquelle il avait une dévotion incomparable. C'est à ce foyer divin qu'il puisait les plus belles inspirations de son zèle, et il voulait que ses filles spirituelles vinssent sans cesse y retremper leurs âmes fatiguées de l'agitation des choses extérieures, et y ranimer en elles cet esprit de miséricorde et de sacrifice qui est l'essence même de leur vocation.

Enfin le temps arriva où le père Ange devait

aller recevoir dans le ciel la récompense de ses vertus et de ses travaux. Dieu le visita par une maladie longue et douloureuse, pendant laquelle il se nourrit chaque jour de l'aliment sacré qui rend le chrétien supérieur aux douleurs de la mort. Au milieu des langueurs qui le consumaient, son union à Dieu était inaltérable. Il sollicitait les religieux qui venaient le visiter de ne lui parler que des choses éternelles ; il s'excitait à la confiance en la miséricorde divine par des aspirations fréquentes puisées dans les psaumes de la pénitence, et qui s'échappaient de son cœur comme des traits enflammés, semblable à son père saint Augustin, qui, dans la maladie dont il mourut, fit placer les psaumes à son chevet, afin de pouvoir se nourrir jusqu'à son dernier soupir de cette manne délicieuse. C'est dans ces sentiments de ferveur que le père Ange Leproust termina sa carrière, à Paris, le 16 octobre 1697, à l'âge de soixante-treize ans, après cinquante-cinq ans de profession religieuse, laissant pour héritage une institution de charité qui l'a rendu le digne émule de saint Vincent de Paul, et qui lui assure, après ce héros de la miséricorde, un rang glorieux parmi les bienfaiteurs de l'humanité (1).

La dépouille mortelle du père Ange Leproust fut inhumée à part, sous une arcade du cloître de son couvent. Elle y resta oubliée et inconnue jusqu'en 1830, époque où l'on se proposait de démolir ce bâtiment. Alors l'existence de ce précieux trésor fut révélée par un avertissement tout providentiel aux religieuses de Saint-Thomas de Villeneuve, au moment où elles élevaient un nouveau sanctuaire à Notre-Dame de Bonne-Délivrance (2). Il fut visible à tous les yeux que le ciel intervenait dans cette circonstance pour sauver de la profanation les restes d'un saint, et rendre un père vénéré à ses enfants orphelins.

En effet, les filles du père Ange s'empressè-

(1) Après la mort du père Leproust, la congrégation de Saint-Thomas de Villeneuve, dont le chef-lieu dépendait alors de la paroisse Saint-Sulpice, élut le curé de cette église pour supérieur général, titre que ses successeurs ont gardé jusqu'à la révolution.

(2) Ce fait est rapporté dans l'*Histoire de Notre-Dame de Bonne-Délivrance*, page 68.

rent de réclamer ces précieuses reliques, afin de leur donner un asile honorable au milieu d'elles ; mais une nouvelle révolution étant survenue, elles ne purent réaliser ce pieux projet qu'en 1834. L'exhumation tant désirée eut lieu le 6 octobre, en présence de monseigneur de Quelen, archevêque de Paris ; de monseigneur de Forbin-Janson, évêque de Nancy ; de MM. Quentin et Trévaux, vicaires généraux, et de plusieurs religieuses de Saint-Thomas de Villeneuve. On ne trouva dans la tombe que des ossements desséchés ; ils furent transportés le même jour au couvent de Saint-Thomas, sans aucune cérémonie extérieure. Le 14, après qu'on eut dressé un procès-verbal qui en attestait l'identité, on les enferma dans un cercueil de plomb, placé dans un autre en chêne, que l'on descendit dans un caveau creusé au milieu du sanctuaire de la nouvelle chapelle. Sur la surface de ce caveau, on posa un marbre noir où fut gravée l'épitaphe suivante, composée par monseigneur de Quelen :

Hic jacet
reverendus Pater Angelus Leproust,
Pictaviensis,

in ordine Augustinorum Strictæ Observantiæ ;
Prior, Provincialis, ac Definitor ;
Augustinarum Hospitalium
Sancti-Thomæ a Villâ Novâ nuncupatarum,
Institutor;
vir
regularis disciplinæ cultor indefessus.
Obiit
die XVI octobris MDCXCVII,
anno ætatis suæ LXXIII, professionis vero LV.
Cujus corpus,
primum Parisiis intra conventus claustra
inhumatum ,
post annos centum et triginta septem,
pietate curisque
Matronarum Hospitalium Sancti-Thomæ a Villâ Novâ
levatum,
de novo in earum Societatis sacello
fuit tumulatum.
MDCCCXXXIV.
Requiescat in pace.

Ci-gît
le révérend Père Ange Leproust,
Poitevin,
Prieur, Provincial et Définiteur
dans l'ordre des Augustins de l'Étroite Observance ;
Instituteur
des Hospitalières Augustines,
dites de Saint-Thomas de Villeneuve;

homme
observateur infatigable de la discipline régulière.
Il mourut
le XVIe jour d'octobre MDCXCVII,
l'an de son âge LXXIII, et de profession LV.
Son corps,
inhumé
d'abord à Paris, dans l'enceinte de son couvent,
après cent trente-sept ans,
par la pié é et les soins
des dames hospitalières de Saint-Thomas de Villeneuve,
a été de nouveau enterré
dans la chapelle de leur maison principale.
MDCCCXXXIV.
Qu'il repose en paix.

ABRÉGÉ DE LA VIE

DE SAINT

THOMAS DE VILLENEUVE.

ABRÉGÉ DE LA VIE

DE SAINT

THOMAS DE VILLENEUVE,

ARCHEVÊQUE DE VALENCE

En Espagne.

—

Saint Thomas, qui fut l'ornement de l'Église d'Espagne dans le seizième siècle, naquit en 1488, à Fuenlana, en Castille. Il reçut le surnom de *Villeneuve*, de Villanova-de-los-Infantes, petite ville où il fut élevé, et qui n'est qu'environ à deux milles du lieu de sa naissance.

Alphonse-Thomas Garcias, son père, et Lucie Martinez, sa mère, étaient aussi originaires de Villanova. Quoique leur fortune fût médiocre, elle suffisait à leurs désirs, et leur économie les mettait encore en état de faire des aumônes considérables. Ils distribuaient aux pauvres tout ce qu'ils pouvaient épargner, et ne voulaient jamais rien garder de ce qu'il leur restait, après avoir pris strictement ce qui leur était nécessaire pour vivre.

Cet esprit de charité fut le plus précieux héritage qu'ils laissèrent à leur fils, et l'amour des pauvres devint la passion sainte, qui domina toute sa vie. On le vit, dès l'âge de sept ans, employer mille moyens pour venir au secours des indigents ; souvent il se privait en leur faveur de la nourriture qu'on lui donnait ; il prévenait même quelquefois la volonté de ses parents, qui étaient charmés de le voir si charitable, et qui ne désapprouvaient jamais sa conduite. Il joignait à cet amour pour les pauvres la pratique continuelle de la mortification, une modestie et une douceur qui le faisaient aimer universellement ; une inviolable pureté de cœur, une grande horreur pour le moindre mensonge, une piété tendre qui lui faisait consacrer un temps considérable à la prière, et qui fut la source de la dévotion singulière qu'il eut toute sa vie envers la sainte Vierge.

Il montra dans les écoles de Villanova qu'il était doué d'une rare aptitude pour tous les genres de connaissances. Lorsqu'il eut atteint l'âge de quinze ans, ses parents l'envoyèrent à l'université d'Alcala, fondée depuis peu par le cardinal Ximenès, qui fut premier ministre sous Ferdinand et Charles-Quint. Il y fit ses études avec le plus brillant succès, et ses talents lui méritèrent une place dans le collége de Saint-Ildefonse. Ses bons exemples engagèrent plusieurs de ses compagnons d'étude à marcher dans les voies de la perfection. Il mortifiait ses sens par toutes les austérités que lui inspirait son zèle pour la pénitence. Il partageait tout son temps entre la prière, l'étude et les œuvres de charité; en sorte qu'il ne lui en restait point pour le plaisir et les amusements.

Après avoir passé onze ans à Alcala, il fut reçu maître ès arts et choisi pour professeur de philosophie. Il était alors dans la vingt-sixième année de son âge. Son père avait fait bâtir une maison qu'il lui destinait, quand il aurait achevé le cours de ses études; mais il en fit un hôpital, du consentement de sa famille.

Ayant enseigné deux ans à Alcala, on l'attira à Salamanque, pour y exercer le même emploi avec de plus grands avantages. L'université de cette ville avait été fondée en 1200 par Alphonse IX, roi de Léon, et elle était célèbre par une multitude d'hommes de mérite qu'elle renfermait dans son sein. Thomas n'accepta l'invitation qu'on lui avait faite que pour éviter les applaudissements qu'il recevait à Alcala, et dans l'espérance d'exécuter avec plus de facilité le projet qu'il avait formé depuis longtemps de renoncer au monde. Durant les seize années qu'il passa tant à Alcala qu'à Salamanque, il ne lui échappa jamais une parole qui pût tourner à sa louange ou nuire au prochain. Il sut aussi se préserver de tout mouvement d'aigreur et de vanité. Il aimait le silence et la retraite, marchait toujours en la présence de Dieu, et faisait de toutes ses actions une prière continuelle. Pendant les deux ans qu'il enseigna la philosophie morale à Salamanque, il réfléchit sur la nature des différents ordres religieux, afin de connaître celui qui lui conviendrait le mieux. Il se détermina enfin pour celui des Ermites de Saint-Augustin. Il prit l'habit à Salamanque à peu près dans le même temps que Luther quitta le même ordre en Allemagne, par une apostasie.

Il fut facile de remarquer, à la manière dont il fit son noviciat, qu'il s'était accoutumé depuis longtemps à la pratique des austérités, au renoncement à sa propre volonté et aux exercices de la contemplation. La simplicité qui régnait dans toute sa conduite le faisait aimer de tous ses frères. On ne pouvait comprendre comment il avait oublié si promptement le rang qu'il avait occupé dans une célèbre université.

Peu de temps après son noviciat, on l'éleva aux saints ordres. Il reçut le sacerdoce en 1520, et dit sa première messe le jour de Noël. La pensée d'un Dieu enfant l'occupa si vivement pendant la célébration du saint sacrifice, que l'abondance des larmes qu'il versait l'obligea de faire une pause considérable. Il éprouva souvent de semblables impressions à l'autel, surtout les jours consacrés au mystère de l'incarnation. Ses supérieurs l'employèrent bientôt à prêcher la parole de Dieu et à administrer le sacrement de pénitence. Il s'acquitta de ces importantes fonctions avec un tel succès, qu'on le surnomma l'apôtre de l'Espagne. Elles ne l'empêchaient pas d'accomplir sa règle dans tous ses points, et il tint la même conduite dans un cours public de théologie qu'il enseigna chez les Augustins.

On l'élut successivement prieur des couvents de Salamanque, de Burgos et de Valladolid. Il fut deux fois provincial d'Andalousie, et une fois de Castille. Il s'acquitta de ces divers emplois avec une mansuétude qui lui gagnait tous les cœurs, et il gouverna moins par l'autorité de sa place, que par l'exemple d'une sainte vie. Sa charité le rendait en tout temps accessible à ceux qui avaient besoin de ses conseils ou de son secours. La sagesse avec laquelle il appliquait les remèdes convenables aux différentes maladies des âmes, montrait combien un peuple est heureux d'avoir des guides animés de l'esprit de Dieu.

Le saint puisait les lumières dont il avait

besoin dans l'union intime et constante de son âme avec le ciel. Il avait souvent des ravissements dans la prière, et surtout durant la célébration du saint sacrifice. Il faisait d'inutiles efforts pour cacher ces grâces extraordinaires ; on remarquait à son visage ce qui s'était passé en lui. Il eut aussi de fréquentes extases, même en annonçant publiquement la parole de Dieu; on en cite trois entre autres, qui lui firent interrompre quelque temps le fil de son discours, à Burgos, à Valladolid et à Tolède.

L'empereur Charles-Quint le choisit pour un de ses prédicateurs ; il le mit aussi au nombre de ceux qu'il consultait, et lorsqu'il ne l'avait point auprès de lui, il lui écrivait pour lui demander son avis. On cite le trait suivant en preuve de l'autorité qu'il avait sur ce prince. L'empereur avait signé la condamnation de quelques personnes de distinction, convaincues du crime de trahison. Philippe son fils, l'archevêque de Tolède, et les premiers seigneurs de la cour, eurent beau solliciter la grâce des coupables, il leur fut impossible de l'obtenir. Philippe engagea le saint à faire de nouvelles tentatives. Celui-ci alla trouver l'empereur, et lui parla d'une manière si persua-, sive, qu'il accorda ce qu'il avait refusé jusqu'alors. Les princes et les seigneurs témoignant de la surprise, Charles leur dit que quand le prieur des Augustins lui faisait quelque sollicitation, il commandait plutôt qu'il ne priait; en sorte qu'il l'amenait où il voulait, en lui persuadant que telle était la volonté du Très-Haut. « C'est, dit-il, un vrai serviteur de « Dieu; et quoiqu'il habite au milieu des « hommes, il est digne de l'honneur dû à ceux « qui règnent dans le ciel. » Cette réputation de sainteté lui attirait un grand respect, et les personnes de tout état recevaient ses décisions comme des oracles du ciel.

On ne pourrait se former une juste idée du zèle avec lequel il travaillait à procurer la gloire de Dieu, surtout parmi ceux dont la conduite lui était confiée. Il ne négligeait rien pour maintenir la discipline régulière dans son ordre. Il ne permettait point que les frères s'entretinssent de nouvelles, ni qu'ils parlassent de choses capables de les dissiper, ou d'introduire l'amour du monde dans leur retraite. Si quelqu'un des frères tombait dans une faute griève, il priait avec larmes, et s'imposait une rigoureuse pénitence, afin d'obtenir du ciel le pardon du coupable. Il supportait avec patience les infirmités et les imperfections des autres, s'accommodant aux différents caractères, et se prêtant même aux faiblesses du prochain autant que le devoir le lui permettait.

Lorsqu'il fit la visite des maisons de son ordre en qualité de provincial, quatre choses principales attirèrent son attention : 1° le culte divin; et en conséquence il recommandait qu'on récitât l'office avec respect et ferveur; qu'en chantant les psaumes au chœur, on fît une pause entre chaque verset; que l'on tînt dans une grande propreté toutes les choses qui servaient à l'autel; 2° il insistait sur la lecture des livres saints, et de ceux qui traitaient des matières de piété, ainsi que sur l'exercice de la méditation, moyens qu'il croyait absolument nécessaire pour faire des progrès dans la vertu; 3° il s'appliquait à étouffer toutes les semences de division, et exhortait ses frères à avoir les uns pour les autres une charité sincère; 4° il avait soin que chacun fût employé selon ses talents, et qu'il remplit les places pour lesquelles il était propre.

Il vint à bout par là de former ses disciples à une vertu héroïque. Plusieurs d'entre eux devinrent de célèbres missionnaires, et portèrent le flambeau de la foi en Amérique, où ils convertirent un grand nombre d'infidèles. Il voulait qu'on se préparât au ministère de la parole par l'humilité, la prière et une vie sainte. C'est une folie, disait-il, de prétendre être utile aux autres, tandis qu'on s'oublie soi-même, qu'on néglige la méditation de la loi du Seigneur, et qu'on n'examine point son propre cœur, pratiques sans lesquelles on ne peut parvenir à une parfaite régularité.

Pendant que le saint faisait la visite des maisons de son ordre, l'empereur Charles-Quint le nomma à l'archevêché de Grenade, et lui ordonna de se rendre à Tolède. Il obéit, mais dans la vue de mettre tout en usage pour éviter l'épiscopat. Ses représentations furent si pressantes, qu'il obtint ce qu'il désirait. Quelque temps après, George d'Autriche, oncle de l'empereur, se démit de l'archevêché de Va-

lence , pour passer à l'évêché de Liége. Charles-Quint était alors en Flandre. Il dit d'expé-
dier le brevet de nomination à l'archevêché
vacant, en faveur d'un religieux de l'ordre de
Saint-Jérôme. Il ne lui vint pas dans la pensée
de l'offrir à Thomas de Villeneuve, parce qu'il
connaissait sa répugnance pour les dignités ecclésiastiques. Le brevet fut cependant expédié
sous le nom du saint. L'empereur, surpris, en
demanda la raison ; le secrétaire répondit qu'il
croyait avoir entendu le nom de Thomas de
Villeneuve, mais qu'il lui serait facile de rec-
tifier la méprise qu'il avait faite. « Non, non,
« dit le prince ; je reconnais là une providence
« particulière, et il faut nous conformer à sa
« volonté. » Il signa donc le brevet de nomination, et l'envoya au saint, qui était alors prieur
du couvent de Valladolid.

Thomas de Villeneuve fut consterné de cet
événement. Il employa, pour ne point accepter,
les moyens qui lui avaient déjà réussi. Mais le
prince Philippe d'Espagne, qui gouvernait en
l'absence de son père, n'eut aucun égard à ses
représentations. En même temps l'archevêque
de Tolède, et plusieurs autres personnes de la

première distinction, lui firent ordonner par son provincial, en vertu de l'obéissance reli-gieuse, et sous peine d'excommunication, de se soumettre à la volonté de l'empereur. Les bulles du pape Paul III étant arrivées, il fut sacré à Valladolid par le cardinal Jean de Ta-lavera, archevêque de Tolède.

Dès le lendemain matin, il se mit en route pour Valence. Sa mère, qui vivait encore, le pria de passer par Villeneuve, afin de se pro-curer la consolation de le voir encore une fois avant que de mourir. Mais le saint évêque, ayant consulté Dieu sur la demande de sa mère, crut devoir se rendre dans son diocèse sans au-cun délai, et préférer son devoir à toute autre considération. Il fit la route à pied et avec son habit monastique, qui était fort usé, puisqu'il le portait depuis sa profession. Il n'était ac-compagné que d'un religieux de son ordre et de deux domestiques.

Etant arrivé à Valence, il alla loger chez les Augustins de cette ville. Il y passa plusieurs jours dans la retraite, afin d'attirer sur lui les grâces dont il avait besoin pour s'acquitter dignement des devoirs de l'épiscopat. Il prit possession de son siége le premier jour de l'année 1545. Les réjouissances et les acclamations occasionnées par cette cérémonie coûtèrent beaucoup à son humilité. Il fit ôter les carreaux et les tapis dont on avait couvert son trône ; il se mit à genoux sur la terre nue, et frappa tout le monde par son recueillement et sa ferveur. Le chapitre, qui connaissait sa pauvreté, lui fit présent de quatre mille ducats pour son ameublement. Il les reçut avec de grandes marques de reconnaissance, mais ce fut pour les donner à l'hôpital, qui était surchargé de pauvres et qui avait des réparations considérables à faire.

La première chose qu'il fit après sa prise de possession fut de visiter les prisons de l'archevêché ; il les rendit moins obscures et plus commodes : l'idée de ce changement lui fut inspirée par son amour envers tous les malheureux. Il continua de montrer cette humilité qu'il avait fait paraître dans la retraite ; toutes les marques extérieures de la grandeur lui étaient insupportables Il conservait autant qu'il lui était possible son ancienne simplicité. Il garda même son habit monastique, qu'il raccommodait lui-même, comme il avait fait par le passé. Un de ses chanoines, l'ayant un jour surpris occupé à ce travail, lui dit qu'il pourrait employer son temps plus utilement et laisser cette occupation minutieuse à ceux qu'elle regardait. Il répondit que pour être évêque, il n'avait pas cessé d'être religieux, et que la minutie qu'on lui reprochait donnerait du pain à quelques pauvres. Il finit par prier le chanoine de ne dire à personne ce qu'il avait vu. Ses autres vêtements étaient d'ordinaire si grossiers, que ses propres domestiques en étaient confus pour lui, parce qu'ils ignoraient le motif qui le faisait agir. Quand on le pressait de s'habiller d'une manière conforme à sa dignité, il répondait qu'il avait fait vœu de pauvreté ; que son autorité ne dépendait point de son extérieur, et qu'on ne devait exiger de lui que du zèle et de la vigilance. Ce ne fut qu'avec beaucoup de peine qu'on obtint de lui qu'il portât un chapeau de soie. Il disait depuis agréablement, en montrant ce chapeau : «Voilà « ma dignité épiscopale ; les chanoines ont jugé « que je ne pouvais être archevêque sans cela. »

La frugalité de sa table n'était pas moins

extraordinaire, il observait toujours l'absti-
nence et les jeûnes prescrits par la règle qu'il
avait embrassée. Jamais il ne permettait qu'on
lui servît de mets recherchés. « Ce que ces
« sortes de mets coûteraient, disait-il, appar-
« tient aux pauvres : je ne suis point le maître
« de mes revenus ; je n'en suis que le dispen-
« sateur. » En avent et en carême, les mer-
credis et les vendredis, ainsi que les veilles de
fêtes, il jeûnait jusqu'au soir, et se conten-
tait de prendre un peu de pain et d'eau. Enfin
son palais était une vraie maison de pauvreté ;
on n'y voyait aucune tapisserie. Le saint archevêque ne portait du linge que quand il était
malade ; souvent il couchait sur un paquet de
branches d'arbres, et n'avait qu'une pierre
pour oreiller.

Fidèle à remplir tous les devoirs d'un bon
pasteur, il visitait les églises de son diocèse,
prêchant dans les villes et dans les villages
avec tant de zèle et d'onction, que chaque parole qui sortait de sa bouche était comme un
trait de flamme qui pénétrait les cœurs. Ses discours opéraient des effets si merveilleux, qu'on
le regardait comme un apôtre et un prophète

suscité de Dieu pour la réformation des mœurs du peuple chrétien. Sa visite finie, il assembla un concile provincial, qui fit de sages règlements pour abolir les abus qui s'étaient introduits, surtout dans le clergé. Il éprouva de grandes difficultés de la part de son chapitre; mais il réussit à les surmonter par sa patience.

Dans toutes les affaires, il en demandait à Dieu le succès, et souvent il passait les nuits en prières pour solliciter le secours dont il avait besoin. S'étant aperçu que ses domestiques, de peur de l'interrompre dans ses exercices de piété, faisaient attendre les personnes qui venaient le consulter, il leur recommanda de l'avertir désormais sans délai lorsque quelqu'un se présenterait pour lui parler. La raison qu'il en donnait était que son amour pour la retraite et la solitude devait céder à son devoir, et que depuis qu'il avait accepté l'épiscopat, il avait cessé d'être son maître pour devenir le serviteur de son troupeau. On avait une si haute idée de ses lumières et de sa prudence, qu'on recevait ses décisions avec respect, dans les matières mêmes les plus épineuses.

Quand les obstacles étaient difficiles à vaincre, ou qu'il s'agissait de retirer du désordre un pêcheur endurci, il avait recours à Dieu, et pour rendre sa prière plus efficace, il y joignait les larmes, l'aumône, et quelquefois des austérités extraordinaires. Ce fut ainsi qu'il obtint la conversion de plusieurs personnes qui avaient été jusque-là sourdes à ses exhortations.

L'archevêché de Valence rapportait annuellement 18,000 ducats de revenu. Le saint en donnait 2,000 au prince George d'Autriche, qui s'était démis sous pension ; il en employait 13,000 au soulagement des pauvres, et il se servait du reste pour l'entretien de sa maison et pour les réparations de son palais. On voyait tous les jours à sa porte cinq cents pauvres, et chacun d'eux recevait une portion avec du pain, du vin et une pièce d'argent. Il se déclara le père des orphelins ; il contribuait à la dote des filles qui n'étaient point en état de se marier ; il avait une tendresse singulière pour les enfants trouvés ; il récompensait ceux qui les apportaient, et les nourrices qui en prenaient le plus de soin. Une ville de son diocèse, située sur le bord de la mer, ayant été pillée par les pirates, il y fit porter des provi-

sions et de l'argent pour racheter ceux des habitants qui étaient captifs. Il tâchait encore
d'inspirer aux personnes riches les sentiments
de charité dont il était lui-même pénétré ; il les
exhortait à devenir plus riches en miséricorde,
qu'ils ne l'étaient en possessions terrestres.
« Répondez-moi, pécheurs, disait-il, quel meil-
« leur usage pouvez-vous faire de vos biens,
« que de vous en servir pour racheter vos pé-
« chés ? Si vous désirez que Dieu écoute vos
« prières, écoutez les cris des pauvres. Si vous
« voulez que Dieu prévienne vos besoins, pré-
« venez ceux de l'indigent, sans lui faire atten-
« dre le secours qui lui est nécessaire. Allez
« surtout au-devant des besoins de ceux qui
« n'osent demander ; leur faire attendre l'au-
« mône, c'est la leur faire acheter. »

La charité du saint pour le prochain et ses
autres vertus recevaient leur perfection d'un
amour ardent pour Dieu qui embrasait son
cœur, et qu'il exprimait encore plus par ses
œuvres que par ses paroles. « Seigneur, disait-
il, quelquefois avec saint Augustin, vous me
commandez de vous aimer en toutes choses et
par-dessus toutes choses ; vous me le comman-

dez de la manière la plus stricte, sous peine d'être privé à jamais de la vision de votre face, également aimable et adorable, que les anges désirent sans cesse de contempler. Eh quoi ! est-il possible, ô mon Dieu ! que je porte l'ingratitude et la bassesse au point d'avoir besoin d'un semblable précepte ? Ayant été créé à votre image, racheté par le sang précieux de votre Fils, et comblé de tant de grâces, comment est-il nécessaire que vous me commandiez de vous aimer ? O mon Dieu ! vous me confondez par ce précepte. Mais, ô commandement infiniment doux, infiniment aimable ! ô fardeau facile a porter ! je vous rends, ô mon Dieu, d'immortelles actions de grâces de m'avoir obligé de vous aimer par une loi aussi sainte et aussi désirable ! Qu'y a-t-il de plus juste, de plus glorieux, de plus délicieux que de vous aimer ? Se peut-il trouver une créature capable de vous connaître sans vous aimer ?... »

« O bonté incompréhensible ! s'écriait-il encore, Dieu nous promet le ciel pour nous récompenser de l'avoir aimé ! Son amour n'est-il donc pas lui-même une grande récompense ? N'est-il pas ce qu'il y a de plus doux et de plus désirable ? Il aura cependant une récompense, et quelle récompense !... O excès admirable de tendresse! vous nous donnez votre amour, et pour cet amour que nous recevons de vous, vous nous accordez le paradis !... Votre amour est un bien si grand, si digne d'envie, que nous devrions, pour l'obtenir, souffrir avec joie toutes les douleurs et tous les tourments. Vous nous le donnez gratuitement, et vous le récompensez encore par les délices du ciel ! O Jésus tout-puissant ! enrichissez-moi avec abondance de ce trésor inestimable !... »

Saint Thomas fut fortement sollicité d'aller au concile de Trente, mais il en fut empêché par sa mauvaise santé. Il y envoya à sa place l'évêque d'Huesca. La plupart des évêques d'Espagne qui assistèrent à cette sainte assemblée vinrent le voir avant leur départ pour l'Italie, afin de le consulter sur la conduite qu'ils devaient tenir.

Cependant le saint archevêque de Valence considérait toujours avec frayeur l'étendue et l'importance de ses obligations. On l'entendait souvent répéter qu'il n'avait jamais tant craint d'être effacé du nombre des prédestinés que depuis qu'il avait été élevé à l'épiscopat. Plus d'une fois il avait fait des démarches à Rome et à la cour d'Espagne pour obtenir la permission de se démettre. Enfin Dieu lui rendit la liberté après laquelle il soupirait, en l'appelant à lui et en lui faisant connaître d'une manière surnaturelle que ce serait le jour de la fête de la Nativité de la sainte Vierge.

Le 29 d'août, il fut attaqué d'une esquinancie accompagnée d'une fièvre violente. Il fit aussitôt une confession générale de toute sa vie, pendant laquelle il versait un torrent de larmes, comme s'il eût été le plus grand des pécheurs ; il reçut ensuite le saint viatique avec les plus vifs sentiments de respect, d'amour et de confiance. Il fit distribuer aux pauvres des paroisses de la ville tout ce qu'il avait d'argent, et donna tous ses autres biens au recteur de son collége, à l'exception du lit sur lequel il était couché ; mais comme il voulait sortir nu de ce monde, il disposa aussi de son lit en faveur des prisonniers, et il pria seulement le geôlier de lui en permettre l'usage jusqu'à sa mort. S'étant aperçu qu'on lui avait apporté quelque argent, il le fit aussitôt donner aux pauvres.

Le matin du 8 de septembre, il sentit que ses forces diminuaient considérablement. Il demanda qu'on lui lût la Passion, selon saint Jean ; et, durant cette lecture, il fondait en larmes et avait les yeux attachés sur un crucifix. On lui dit ensuite la messe dans sa chambre. La consécration achevée, il récita le psaume *In te, Domine, speravi*, etc. Il expira après la communion du prêtre, lorsqu'il eut prononcé ces paroles : *Seigneur, je remets mon esprit entre vos mains.*

Sa bienheureuse mort arriva en 1555. Il était dans la soixante-septième année de son âge, et la onzième de son épiscopat. On l'enterra, comme il l'avait désiré, dans l'église des Augustins de Valence. Paul V le béatifia en 1618, et Alexandre VII le canonisa en 1658. Sa fête a été fixée au 18 septembre.

———

Nota. Saint Thomas de Villeneuve a laissé des *Sermons* et une *Explication du livre des*

Cantiques. On y remarque que l'auteur était d'une humilité profonde, et brûlant d'amour pour Dieu et pour Jésus-Christ. Ses ouvrages, recueillis par les soins de l'évêque de Ségovie, son disciple, ont été imprimés plusieurs fois. On y trouve le procès de la canonisation du saint, qui contient l'histoire de plusieurs miracles authentiques opérés par son intercession. Sa vie, écrite par plusieurs historiens espagnols, a été donnée en français par le père Maimbourg, religieux augustin, Paris, 1666, in-12. —*Voy*. aussi Godescard, 18 septembre.

FIN.

TABLE DES MATIÈRES.